■ 董金权　洪亚红　著

爱与痛的边缘：青少年使用社会化媒体调查研究

AIYUTONG DE BIANYUAN QINGSHAONIAN SHIYONG SHEHUIHUA MEITI DIAOCHA YANJIU

光明日报出版社

图书在版编目（CIP）数据

爱与痛的边缘：青少年使用社会化媒体调查研究 / 董金权，洪亚红著. -- 北京：光明日报出版社，2016.8
ISBN 978-7-5194-1776-5

Ⅰ. ①爱… Ⅱ. ①董… ②洪… Ⅲ. ①传播媒介—影响—青少年—研究—中国 Ⅳ. ①G206.2 ②D669.5

中国版本图书馆CIP数据核字(2016)第207441号

爱与痛的边缘：青少年使用社会化媒体调查研究

著　　者：董金权　洪亚红

责任编辑：李　娟　　责任校对：刘　欣
封面设计：于　米　　责任印制：曹　诤

出版发行：光明日报出版社
地　　址：北京市东城区珠市口东大街5号，100062
电　　话：010-67022197（咨询），67078870（发行），67019571（邮购）
传　　真：010-67078227，67078255
网　　址：http://book.gmw.cn
E-mail：gmcbs@gmw.cn　lijuan@gmw.cn
法律顾问：北京德恒律师事务所龚柳方律师

印　　刷：北京市媛明印刷厂
装　　订：北京市媛明印刷厂
本书如有破损、缺页、装订错误，请与本社联系调换

开　　本：710mm × 1000mm　1/16
字　　数：220千字　　印　　张：20.25
版　　次：2017年1月第1版　　印　　次：2017年1月第1次印刷
书　　号：ISBN 978-7-5194-1776-5

定　　价：58.00元

本书系教育部人文社会科学研究青年基金项目“社会化媒体对青少年影响的实证研究”（14YJC840003）的研究成果

本书受安徽省高校优秀青年人才支持计划重点项目(gxyqZD2016114)资助

前 言

社会化媒体（又称社交媒体）是一种基于网络技术的在线互动型媒体，它将传统媒体单一的传播方式转变为新型互动模式。用户可以创造内容、自由分享、参与在线互动是社会化媒体区别于其他网络媒体的本质特征。它以社交网络、微博、微信、视频分享、论坛等为代表，是互联网上的第二代媒介，具有极强的参与性、公开性、交流性、对话性、社区化、连通性、互动性和共享性，它由用户自己创造内容，用户既是内容的消费者又是内容的生产者；使用门槛低，方便快捷；信息传播呈现裂变式、极化式特点；其匿名性大大降低了用户的责任风险，为用户带来极度自由的空间。

近年来，社会化媒体以其超凡的速度发展，已经越来越成为人们生活中不可缺少的一部分，深刻地影响着人们的现实生活也改变着人们的观念与行为。世界排名前10位的网站中，有5个是社会化媒体，尤其以Facebook、Twitter、YouTube等为代表的社会化媒体网站风靡全球。在中国，社会化媒体经历萌芽期到多元整合期，也已取得了迅速发展，在人们生活中扮演着越来越重要的角色。微博发布的2015年年报显示，截止到2015年底，微博月活跃用户达到2.36亿；而腾讯发布的2016年第一季报显示，微信和WeChat合并月活跃用户数更是达7.62亿。网民对于社会化媒体的使用强度、参与度、活跃程度、依赖性等均在日益加深。而青少年是使用社会化媒体频率最高的群体，同时又是最易受到社会化媒体影响的受众群体。这一方面是因为社会化媒体本身的特性对青少年群体更具吸引力；另一方面青少年自身的成长特点也决定了他们更易受到社会化媒体的影响。社会化媒体已经越来越多地占据了青少年的日常生活，并且和家庭、学校一样充当着青少年社会化的重要角色。因而，对青少年使用各类社会化媒体的情况及其对青少年身体、学习、交往、心理、成长成才等方面的影响展开调查研究具有重要的理论意义与现实意义。本书在分析了社会化媒体的概念、特征、类型、发展趋势，以及青少年的概念、身心发展特点和使用社会化媒体的情况，梳理了近年来关于社会化媒体对青少年影响的研究现状的基础上，分别对社交类社会化媒体、内容分享类社会化媒体、即时通讯类社会化媒体、电子商务类社会化媒体进行调查研究，呈现了青少年使用这些社会化媒体的总体概貌，包括频率、动机、偏好等；通过相关性分析，揭示了不同人口背景变量的青少年使用各类社会化媒体的不同特征，以及这些不同的社会化媒体对不同人口变量的青少年的不同影响；并提出了针对性的政策建议与对策措施。

同时考虑到大学生作为青少年的特殊群体，其使用社会化媒体的基本情况以及社会化媒体对大学生的影响相对于其他青少年群体应具有其特殊性，故本书专门设两章分别对“大学生使用各类社会化媒体的动机、频率、影响与对策”及“高校大学生和辅导员微博使用情况比较”进行了调查研究。

另外，近年来兴起的微信摇一摇、QQ附近的人、陌陌等专门用以与陌生人交往的社会化媒体平台在青少年中使用得越来越频繁，青少年因为使用这些与陌生人交往的社会化媒体而出现的越轨行为，包括不正当交往以及各类违法犯罪现象呈上升趋势，因而，我们专门成立了一个调查组，对青少年使用专用于与陌生人交往的社会化媒体进行了专项调查研究，揭示了其总体情况、动机、频率、影响及其人口统计学差异。

我们成立了7个调查组，用了近两年的时间，开展了本书所包含的7份调查研究，共涉及有效样本6421份，调查对象的范围囊括了我国东部、南部、西部、北部地区，含北京、上海、杭州、湖州、南京、苏州、合肥、芜湖、阜阳、黄山、南昌、大连、湘潭、桂林、兰州、成都、重庆等等数十个地市区的城乡青少年，以及985高校、211高校、专科院校和普通高等院校共50余所大中专院校的在校大学生。调查方法以邮寄或发放纸制问卷调查为主，配合网络在线（问卷星）调查，呈现了青少年使用各类社会化媒体的基本概貌，包括频率、动机和偏好等；通过相关性分析，揭示了不同人口背景变量的青少年使用各类社会化媒体的不同特征，以及各类社会化媒体对不同人口变量的青少年的不同影响，数据详实，力求科学严谨，努力靠近真相。在此基础上，提出可供相关部门借鉴的政策建议与相关社会力量参考的对策措施。

目 录

第一章 导 论

一、研究缘起

研究社会化媒体对青少年的影响这一课题，基于我们对以下几个问题的关注：

第一，社会化媒体以其超凡的速度发展，已经成为越来越多人生活中不可缺少的一部分，深刻地影响着人们的现实生活也改变着人们的观念与行为。世界排名前10位的网站中，有5个是社会化媒体，尤其以Facebook、Twitter、YouTube等为代表的社会化媒体网站风靡全球。在我国以微博、微信等为代表的社会化媒体用户数量快速增长。2016年3月3日，微博发布了2015年第四季度及全年财报。该财报显示，“微博的用户规模、活跃度和收入均实现高速增长。截止到四季度末[①]，微博月活跃用户达到2.36亿，同比增长34%，日活跃用户达到1.06亿，同比增长32%……2015年微博月活跃用户净增6000万，相比于2014年4700万的净增长，增速又显著加快。移动化方面微博也进展显著，截止到四季度末，微博移动端月活跃用户规模接近2亿，移动端日活跃用户也达到9400万，同比增长46%。同时，微博移动端日活跃用户占比达到89%，接近Facebook。”[②] 2016年5月19日，腾讯公布了2016年第一季度财报，该财报显示，“微信和WeChat合并月活跃用户数达7.62亿，比去年同期增长39%。”[③]可见，网民对于社会化媒体的使用强度、参与度、活跃程度、依赖性等均在日益加深。

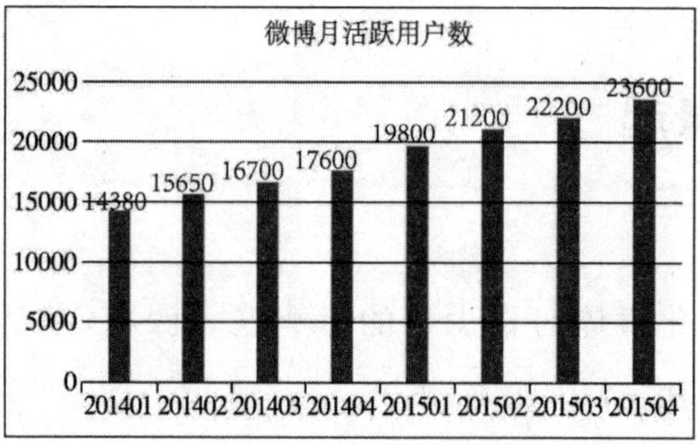

图1－1　微博月活跃用户数（单位：万人）

资料来源：微博2015年第四季度及全年财报

① 即截止到2016年12月31日。

② 微博2015年用户、活跃度、收入增速创新高［EB/OL］. http：//news. sina. com. cn/m/roll/2016－03－03/doc－ifxqaffy3552972. shtml.

③ 钛媒体. 微信月活跃用户破7.6亿，快赶上QQ了［EB/OL］. http：//business. sohu. com/20160520/n450508941. shtml.

第二，青少年是使用社会化媒体频率最高的群体。据中国互联网发展中心统计，青少年网民在博客（68.6%）、即时通信（77%）、社交网站（50.9%）和论坛 BBS（31.7%）等使用率上大大高于整体网民的水平。

第三，青少年是最易受到社会化媒体影响的受众群体。这一方面是因为社会化媒体本身的特性对青少年群体更具有吸引力；另一方面青少年自身的成长特点也决定了他们更易受到社会化媒体的影响。社会化媒体已经越来越多地占据了青少年的日常生活，并且和家庭、学校一样充当着青少年社会化的重要角色。

第四，青少年健康成长对于社会稳定和发展的重要意义。青少年是中国特色社会主义的未来建设者与接班人，是国家强盛、社会发展的希望，他们的健康成长无疑具有重要的意义。

二、社会化媒体概述

1. 社会化媒体的概念

"社会化媒体"（Social Media）的概念最早由美国学者安东尼·梅尔菲德（Antony Mayfield）在《什么是社会化媒体》（《what is social media》）的电子书中提出，他将社会化媒体定义为"一种给予用户极大参与空间的新型在线媒体，能够提供用户参与、内容公开、用户交流、用户对话、社区间信息联通的功能”。[①] Dion Hinchcliffe 在《社会化媒体走向主流》一文中为定义社会化媒体制定了一些基础的规则[②]：以交谈的形式沟通，而不是独白，社会化媒体需要双向的讨论、交流和争辩，且这些沟通很少或没有被人监控审核；社会化媒体中的参与者应该是个人而不是组织；诚实与透明是其核心价值；让用户自己获取内容和关系，而不是强制性推送额外的毫不相关的东西；分布式取代中央式的架构，社会化媒体是高度分布式的，对话在网络边缘上展开，而不置于网络的中央。Daniel Scocco 则认为，社会化媒体是各种形式的用户生成内容，以及使人们在线交流和分享的网站或应用程序的集合。

德国学者 Andreas · Kaplan 和 Michael · Haenlein 在前人的基础上，将社会化媒体的概念界定从抽象的概念实物化为具体的内容，认为社会化媒体是指“建立在 web2.0 的思维和技术基础之上，允许创造和交换 UGC（用户生产内容）的，基于互联网的应用（applications）[③]”他跳出了个体行为，更倾向从群体的视角关注社会化媒体的使用，强调社会化媒体的互动性。无论个体角度，还是从群体角度，他们都是从社会化媒体的使用特点出发对社会化媒体做出界定的。而 Toni Ahlqvist 的研究，为社会化媒体概念的研究提供了一个新的方向和关注点。在他看来，无论是个

① Antony Mayfield. What is social media [EB/OL]. icrossing. co. uk /ebooks.

② Dion Hinchcliffe. Social Media Goes Mainstream，http：//web2. socialcomputingmagazine. com/social _ media _ goes _ mainstream. html，2007.

③ 韦路，丁方舟. 论新媒体时代的传播研究转型 [J]. 浙江大学学报（人文社会科学版），2013 (4)：93－103.

体的创造和传播还是群体的互动和交往，参与社会化媒体进行的交往活动都不是无目的的[①]。正因为社会化媒体进行交往时是有目的性的，所以 Kietzmann 等从其目的性角度出发提出，社会化媒体是社会交互性媒体，是超越社会沟通的超集。沟通技术的随处可获取性和可测量性使社会化媒体完全能够在本质上改变组织、社区以及个人之间的沟通方式[②]。此外，学者们纷纷细化研究社会化媒体的具体内容，Dykeman 提出，社会化媒体可以使任何人进行以下活动：发布数字创意内容，通过在线讨论、评论和评价提供和获取实时反馈，改变和纠正数字内容[③]；而 Strauss & Frost 提出，社会化媒体是指一种网络工具和平台，网络用户可借此共同研究网络内容，分享各自的见解和经历，为商业活动或者娱乐活动建立联系[④]；同时，Safko & Brake 则将社会化媒体定义为人类群体之间的活动、实践和行为，他们使用互动媒介在网络上分享信息、知识和观点。互动媒介是基于网络的工具，通过互动媒介，人们可以制造并轻松地传播文字、图片和影像等各种形式的信息，这样就融入到社会化媒体生态圈之中了[⑤]。Wikipe-

---

① Mackenzie D, Wajcman J. The Social Shaping of Technology: How the Refrigerator Got it Hum [M]. Milton Keynes: OpenUniversity Press, 1985.

② Kietzmann, Jan H, Kristopher Hermkens, McCarthy, IanP and Silvestre, Bruno S. Social media? Get serious! Understand－ing the functional building blocks of social media [J]. Business Horizons, 2011, 54 (3): 241－251.

③ Dykeman, D. How do you define social media [EB/OL]. http: //broadcasting－brain. com/2008/02/09/how－do－you－define－social－media.

④ Strauss, Judy and Frost, Raymond. E－Marketing, 5/E [M]. New Jersey: Prentice Hall, 2009.

⑤ Safko, Lon and Brake, David K. The Social Media Bible: Tactics, Tools, and Strategies for Business Success [M]. New Jer－sey: John Wiley & Sons, Inc., 2009.

dia 则将社会化媒体定义为通过使用互联网和移动技术将沟通转换为交互性的对话[①]。

通过对这些文献的梳理，我们不难发现社会化媒体的界定主要侧重于两个方面，一是其功能性应用；二是社会属性的传达。本书在结合现有的这些关于社会化媒体概念界定的基础上，综合考虑社会化媒体的功能性和社会性特点，将对社会化媒体界定为：社会化媒体是一种基于网络技术的在线互动型媒体，它将传统媒体单一的传播方式转变为新型互动模式。用户可以创造内容、自由分享、参与在线互动是社会化媒体区别于其他网络媒体的本质特征。例如，那些用户不能创造内容、自由分享资源和参与在线的官方网站就不属于社会化媒体。

2. 社会化媒体的特征

社会化媒体具有参与性、公开性、交流性、对话、社区化、连通性、互动性、共享性等几个基本特征。

第一，参与性

社会化媒体可以激发用户主动地贡献和反馈，它模糊了媒体和受众之间的界限，用户可参与其中，用户即内容的消费者又是内容的生产者。

第二，交流性

在社会化媒体中，用户不仅仅是简单的内容生产者，而且其

① Wikipedia. Social media [EB/OL]. http：//en. wikipedia. org/wiki/Social_media.

生产的内容是相互交流的。而社会化媒体的优势在于，内容在媒体和用户之间以及用户与用户之间双向传播。这种双向传播促进了媒体和用户之间以及用户和用户之间形成了一种信息交流。

第三，互动性

互动性是指在社会化媒体中用户和系统界面之间直接的沟通和涉入，旨在使网站更加个性化，其交流和对话是多向和互动的，这种多向和互动的特征可以给参与者带来精神上的愉悦、心理上的满足和情感上的陶醉。

第四，公开性

社会化媒体不但可以让用户参与交流与互动，而且交流与互动是公开的。用户发出的消息、评论、反馈等内容公开于媒介和各用户之间，其间几乎没有任何的障碍——受保护的内容除外，一些采取实名制的社会化媒体，就连用户的真实身份信息也是公开的。

第五，共享性

公开的交流与互动，使社会化媒体的内容生产具备了共享性。在社会化媒体中，使用者之间可以就信息、价值观、体验、产品和服务评价等进行相互传递和分享，对于共同感兴趣的话题进行充分的交流，进而分享和体验共同的成果。①

第六，对话性

社会化媒体不但促成了媒体和用户之间以及用户和用户之间的交流、互动与共享，而且使交流、互动与共享具有对话的特质。

---

① 焦勇兵，高静，杨健．顾客采纳社会化媒体的影响因素——一个理论模型及其实证研究［J］．山西财经大学学报，2013（7）：48．

任何一条内容都可能会引起多条甚至成千上万条的回复、反馈、评论、乃至辱骂，而任何一条回复内容又可能会再引起新的回复，使对话进行裂变式扩散。对话不但在某一个媒体内进行，它很有可能通过链接和转发，引起其他媒体的关注，再在新的媒体和原媒体之间、新的媒体和它的用户之间、新的媒体用户和原媒体用户之间展开新的对话。

第七，社区化

在社会化媒体中，人们可以很快地形成一个社区，并产生正式的或非正式的内部规约，形成“无组织的组织力量”。

第八，连通性

大部分的社会化媒体都具有强大的连通性，通过连接或者内容聚合，将多种媒体融合到一起。[①] 人们可以比以往任何时候都快捷地寻找信息、灵感、志趣相投的朋友、社区或者合作伙伴，这些朋友、社区或伙伴很容易相互之间形成信任并对所采纳的社会化媒体产生信任。

3. 中国社会化媒体的类型

中国社会化媒体发展至今，已出现了越来越多的不同类型。国内社会化媒体专家唐兴通将社会化媒体分为八类：(1)社会关系网络(Social Networking Sites)；(2)视频分享网络(Video Sharing Sites)；(3)照片分享网络(Photo Sharing Sites)；(4)合作词条网络

① 杨珍. 社会化媒体引发了传媒业格局的改变 [J]. 新闻知识，2010 (5)：59—60.

(Collaborative Directories Sites);(5)新闻共享网络(News Sharing Sites);(6)内容推选媒体(Content Voting Sites) ;(7)商务关系网络(Business Networking Sites);(8)社会化书签(Social Collaborative Sites)[①]。

有学者将社会化媒体分为社交网络、微博、视频分享、社会化电子商务、即时通讯、RSS 订阅、消费点评、百科、问答、音乐/图片分享、论坛、社交游戏等12类,并分别列出了国外和国内的典型代表(见表1-1)[②]。

表 1-1 社会化媒体类型及国内外典型代表

社会化媒体类型	国外典型代表	国内典型代表
社交网络	Facebook	人人网、开心网
微博	Twitter	新浪微博、腾讯微博
视频分享	You Tube	优酷、土豆网
社会化电子商务	Groupon	美团网、拉手网
即时通讯	MSN	QQ
RSS 订阅	Goolg RSS	Baidu RSS
消费点评	Yelp	饭统网、大众点评网
百科	WiKi	百度知道、互动百科
问答	Answers	知乎、天涯问答
音乐/图片分享	Flickr	虾米网
论坛	Big Boardes	猫扑、百度贴吧
社交游戏	Zynga	开心农场

① 唐兴通. 社会化媒体营销大趋势——策略与方法[M]. 北京:清华大学出版社,2011:5—6.

② 王明会,丁焰,白良. 社会化媒体发展现状及其趋势分析[J]. 信息通信技术,2011(5):7.

王晓光根据社会性软件的基本功能、用户使用该软件的动机及运营网站的性质，将社会化媒体类型分为六大类：（1）创作发表型。主要由博客网站和论坛网站组成，如 Blogger、Livejournal 新浪博客、天涯论坛等。（2）资源共享型。在这些网站上，用户通过上传数字内容视频、图片、网站地址等实现资源共享和传播。如 Youtube、Flickr、delicious、土豆网等。（3）热点聚合型。为了便于媒体消费者发现最新的热点信息、话题及数字内容而产生的一类热点聚合型社会化媒体，如 Twitteer 和饭否。（4）协同编辑型。代表是 Wikipedia，它是目前互联网上最知名的百科全书式知识库，借助网民的群体智慧完成了知识性内容的编写和出版工作。（5）社交服务型。这类网站的功能更加丰富，提供的服务常包括 Bolg、BBS、个人主页等，这些功能主要用来维护和拓展个人关系网络，保持朋友间的日常联系。如 Facebook、Myspace、校内网等。（6）网络游戏型。代表是各种角色扮演网络游戏。网络游戏玩家在游戏过程中常常会建立各种虚拟团队和游戏公社，这两种组织都属于网络虚拟社区，具有明显的人际传播特征。①

2012 年尼尔森在 CIC② 的基础上在线研究发布了中国社会化媒体全景图（图 1－2），将中国 100 余家社会化媒体网站，划分为 20 大社媒类型，分别为“微博类、问答类网站、电子商务类、相

---

① 王晓光. 社会性媒体初论［EB/OL］. http：//www. epuber. com/? P＝2922.

② CIC 是中国领先的社会化商业资讯提供商，专业致力于帮助企业和组织充分利用中国社会化媒体和网络口碑资讯来实现其整个组织的商业创新。CIC 自 2004 年起就率先投身于网络口碑分析技术开发，研究和咨询领域，首先定义和诠释了“IWOM / 网络口碑”概念和相关行业标准术语，并在中国率先提出“社会化商业”的革新理念。

亲类网站、及时通信类、社交游戏、商务类社交网站、音乐分享、图片分享、博客、社交类网站、团购类网站、社会化书签、RSS订阅类、百科类网站、消费点评类、轻博客、视频分享类、论坛”[①]，他的划分清晰明了，涵盖性强，反映出目前中国社会化媒体多样化的状态。

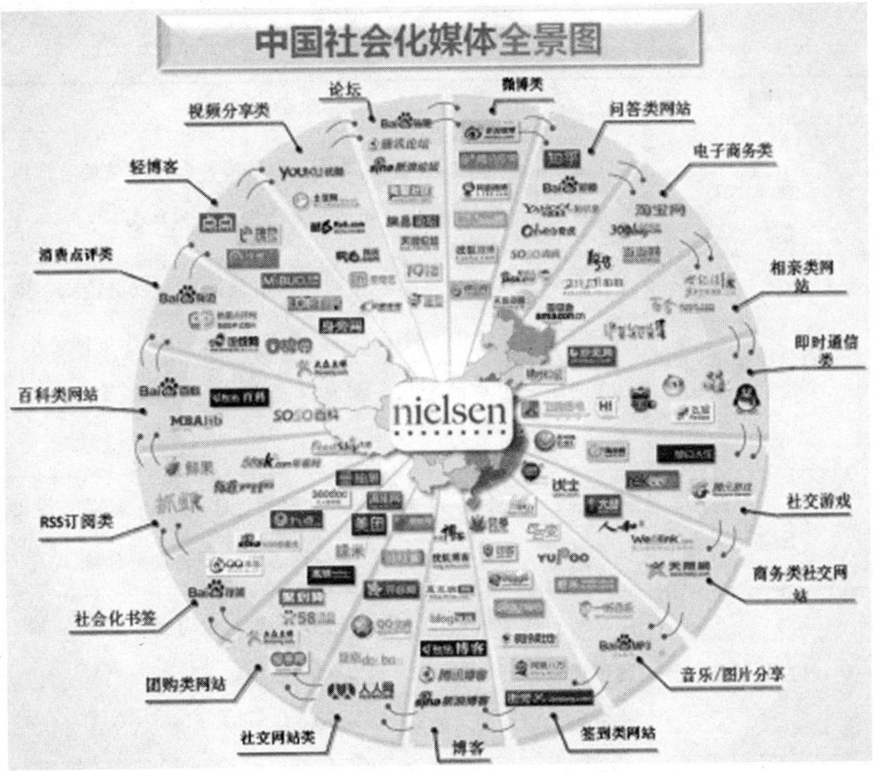

图 1－2　尼尔森中国社会化媒体全景图（2012）

资料来源：西部数码，http：//www. west. cn/info/html/IDCzixun/yumingzhuce/20120409/2777751. html

① 文希．中国社会化媒体全景图：百余家网站 20 大类型［EB/OL］．http：//www. west. cn/info/html/IDCzixun/yumingzhuce/20120409/2777751. html

本书在考察当前学术界对社会化媒体类型的不同划分的基础上，结合社会化媒体的特点、形式和功能，将“社会化媒体”分为七大类：自我展示类、自由讨论类、社会交往类、内容分享类、集体协作类、即时通讯类、电子商务类，每类对应其具体的媒体形态（见表1－2）。

表1－2　社会化媒体种类与形态

种类	媒体形态
自我展示类	QQ空间、新浪微博、腾讯微博、和讯博客、网易微博、搜狐微博、点点网、推他网、快博、身旁网、腾讯博客
自由讨论类	百度贴吧、天涯社区、猫扑社区、搜狐论坛、凤凰论坛、网易论坛、新浪论坛、腾讯论坛、考研论坛、中国学生网论坛、QQ论坛、中华网论坛、雅虎口碑论坛、知乎、百度知道、soso问问
社会交往类	人人网、开心网、豆瓣网、朋友网、优士网、人和网、若邻网、梦幻人生、腾讯游戏、珍爱网、百合网、世纪佳缘
内容分享类	土豆网、优酷网、酷6网、搜狐视频、爱奇艺、迅雷看看、腾讯视频PPS、PPTV、乐视网、暴风影音、芒果TV、太平洋摄影、蜂鸟网、虾米、百度MP3、一听音频、YY语音
集体协作类	维基百科、百度百科、soso百科、和讯百科、搜狗百科、互动百科、书签、九点、360doc、有道、鲜果、抓虾
即时通讯类	QQ、微信、飞信、MSN、阿里旺旺、米聊、易信、陌陌
电子商务类	淘宝、亚马逊、美团、支付宝、京东、唯品会、聚美优品、苏宁易购、百度糯米、当当、蚂蚁花呗、余额宝、天猫、咸鱼

三、社会化媒体与传统媒体的区别

相比较于与传统媒体，社会化媒体的传播内容、话语表达方式、传与受的关系、传播方式及其影响等均发生了剧变。

第一，社会化媒体传播的内容丰富多样且呈现出个性化的表达特点，颠覆了传统媒体以信息传递为主的传播模式。首先，社会化媒体传播的内容的形式是多样化，如，文字、视频、信息、图片、超链接等，通过这些形式用户可以自主选择感兴趣的内容进行分享、传播，且无需专业媒介人员对此进行筛选和过滤；其次，社会化媒体追求的是个人化的表达，因此，它所传播的内容更倾向于碎片化的文本，而不仅仅是专业性强的新闻报道和公共信息。

第二，社会化媒体具有“传播”与“接受”的关系统一性。信息的发布者也可以成为信息的接受者。与传统媒体不同的是，对于传播者的专业素养要求不会太高，所以，每一个人都可以成为“公民记者”，对于身边的信息进行分享和传递。此外，社会化媒体的用户也摆脱了传统受众的被动地位，因为，他们不仅拥有传播的主动权，同时也能够自主地接受信息。传者与受者的身份可以互换，且二者的界线也越来越模糊。

第三，社会化媒体搭建了网络社区共同体。社会化媒体这种新型传播渠道，为人们提供一个相对平等且公开的平台，像论坛、微博、QQ 等免费使用，且进入门槛低。不仅如此，它鼓励人们参与话题讨论，借助这个渠道把彼此不认识的陌生人聚集在网络公共社区中，拉近彼此之间的距离，也因而形成各种“共同体”。

第四，裂变的传播模式。社会化媒体改变传统媒体互动性不强的传播模式，由“一对多”转变为“多对多”。在此过程中，“信息的运动不像流星一闪而过，而是像原子的裂变反应，由一种信息扩充出许许多多联系；又从许许多多联系中折射出不同形式的结构。信息的力量就产生于整个的裂变过程中”①。所以，其信息经历从发布——扩散——接受——聚合——再发布这样一种传播模式过程，传播空间变大，传播速度变快，传播效果更明显（如图 1-3）。社会化媒体会将不同地域、不同年龄，不同身份的人集聚在一起，他们会在思想、情感、意见上面产生共鸣，从而形成一种浓厚的舆论氛围，这种氛围会将“草根”的声音无限放大，甚至能够影响到整个社会。此外，社会化媒体的裂变传播模式也会潜移默化的影响着人们的思维和行为方式，这种模式不仅满足人们对于信息的需求，以及激发人们参与公共事务的兴趣，同时还促进现实社会与网络社会的共振，进而实现传播功能的最大化。

① 丁海曼. 电视传播的哲学［M］. 北京：北京广播学院出版社，2001.

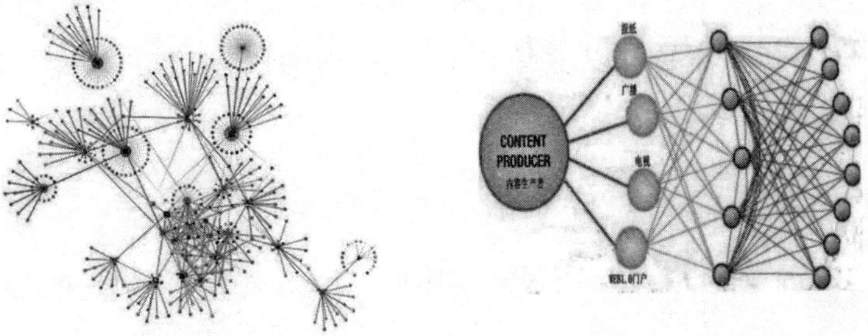

社会化媒体传播模式　　传统媒体传播模式

图 1－3 传统媒体与社会化媒体传播模式比较

四、中国社会化媒体的发展历程

中国的社会化媒体的发展历程大致可以粗略地分为四个阶段：

第一，萌发期（1994 年—2004 年）

这一时期的社会化媒体以论坛、即时通信和点评网为代表，为人们带来了交互性的体验，且丰富了人们的生活。此时期还出现了 QQ、大众点评网、百度贴吧及 MSN 等媒体，延续至今任然深受网民的喜爱。

第二，成长期（2004 年—2007 年）

这一时期以百科、博客、视频分享、问答为代表，其中，博客的发展为网民提供了自我表达的平台，网民通过这一平台可以宣扬自我、表达情感，同时也加强了人与人之间的沟通与交流；视频分享则是扩展了社会化媒体平台的信息类型，提供社会化媒体的自我表达途径；百科开启用户协同创造内容的平台，极大地发挥了网民的创造力；视频网站的出现，丰富了网民的视野，人们既可以看视频也可以上传视频，鼓励网民制作并上传原创视频，因而，增强网民之间的互动。

第三，爆发期（2008 年—2010 年）

这一时期以微博、SNS、团购、LBS（基于位置的服务）为代表。这一时期出现了以学生为中心的人人网、以白领为中心的开心网等，它们快速发展并且深受大众的欢迎，因而在一定程度上促进了中国社交网站的发展。2009 年，新浪微博的出现使传播信息更方便、网民的互动性更强，因此吸引了众多企业与个人的参与。

第四，多元融合期（2011 年至今）

2011 年以后，中国社会化媒体一方面呈现出百花齐放的多元发展的格局，另一方面，各类社会化媒体在多元发展的过程中加速整合，总体上呈现出“多元＋融合”的发展态势。各种社会化媒体不仅自身得到了发展，而且相互学习，发挥各自优势，整合其他平台资源，显得更为透明、自由与开放，从而为用户带来新的体验。CIC（Kantar Media CIC）发布的中国社会化媒体 2015 年格局图（图 1－4），以业态成熟度以及平台之间的功能依附关系将整个中国社会化媒体有分为了两大板块，分别是移动兴趣社区和功能性细分平台，二者的关系是以功能性细分平台为核心层逐渐向外辐射到外围层移动兴趣社区。功能性细分平台，包括 15 类分别是微博、博客、社交网络、论坛、交流、交友、电子商务、视频音乐、企业交流、商务社交、轻博客、照片社交、百科问答、移动社交以及短视频社交。而移动兴趣社区则包括旅行、汽车、娱乐、育儿、时尚、美妆、金融、教育、健康、母婴等。在这一时期社会化媒体总体格局有以下特点：

第一，在众多社会化媒体中，微信的影响力持续在扩大，并且保持着领先的地位。由于微信拥有类似 WhatsApp 的对话聊天功能，类似 Facebook 里动态消息的朋友圈，类似 PayPal 的钱包功能，以及基金理财产品、打车及订餐服务和许多内置应用，所以在功能性细分平台中微信提供了交流、电子商务和短视频社交等平台。由于，微信具有多功能性使得用户线上和线下的生活更为紧密。

第二，微博在社会化媒体中占据着重要的地位，不存在正在灭亡这一说法。虽然微信朋友圈的发展势头非常之迅猛，但是微博，仍然像欧美国家的 Twitter 一样，是用户了解实时新闻的最快途径。如，微信一条火热的推送文章阅读数能够达到十万以上，但一条微博的传播数却能达到百万级别。特别对于那些拥有大量话题的品牌，尤其是那些喜爱使用名人和 KOL 的奢侈、时尚和美妆品牌，绝对不会忽视微博在社交媒体中的战略作用。

第三，垂直类兴趣社区开始“移动化”，社会化媒体的格局不在仅仅以微信为核心，而是扩散到更多元化的数字化平台。垂直类兴趣社区如微信、微博、开心、人人、博客、论坛等如今纷纷“移动化”，变成了垂直类兴趣社区手机应用。一些论坛，比如汽车之家和篱笆网，只是简单地将网页版的论坛移植到了移动端；而另一些包括小红书，大姨吗和辣妈帮在内的应用则是以移动端为基础的兴趣社区，有一些应用甚至能够保证用户进行上百万的活跃对话。在2015年中国社会化媒体格局中，我们在格局图的外圈列举了汽车、母婴、时尚、健康及许多重点社媒分类及相应的热点应用，而这些应用将会是目标用户及媒体洞察分析的最佳数据来源。

第四，伴随着社会化媒体的多元化格局不断扩大，其新热点犹如雨后春笋般浮现，Nice和美拍等新型媒体平台开始流行。

第五，电商平台的用户其反馈也正在呈现爆炸性的增长。随着电商平台销售额的大幅增长，产品用户反馈也逐渐成为用户原创内容（UGC）的主力军。Kantar Media CIC目前跟踪国内9个主流电商平台的用户反馈，而我们发现在某些行业中，相比微博和论坛，电商平台的评论占据了约70%的网民讨论声量，并呈现出详细的客户满意度反馈。作为消费者洞察分析的重要来源和具有影响力的媒体频道，电商平台是一个必须重点关注的平台。另外，零售商的原创内容对“第四媒体”产生举足轻重的影响。我们可以看到电商平台尤其是在淘宝或微信上拥有中小型网店的卖家在美妆、时尚和电子产品领域表现的非常活跃。但只有一部分的卖家是官方经销商，相当多的人并不是。这些网店和消费者互动，在社交媒体上进行促销活动，并在其自己的网站上发布内容。这些店虽然小，但对于某些时尚品牌来说，网店具有相当大的影响力，它们产生的声量可能占到总体的40%－50%。并且这些声量以其教育性和实用性影响着消费者。

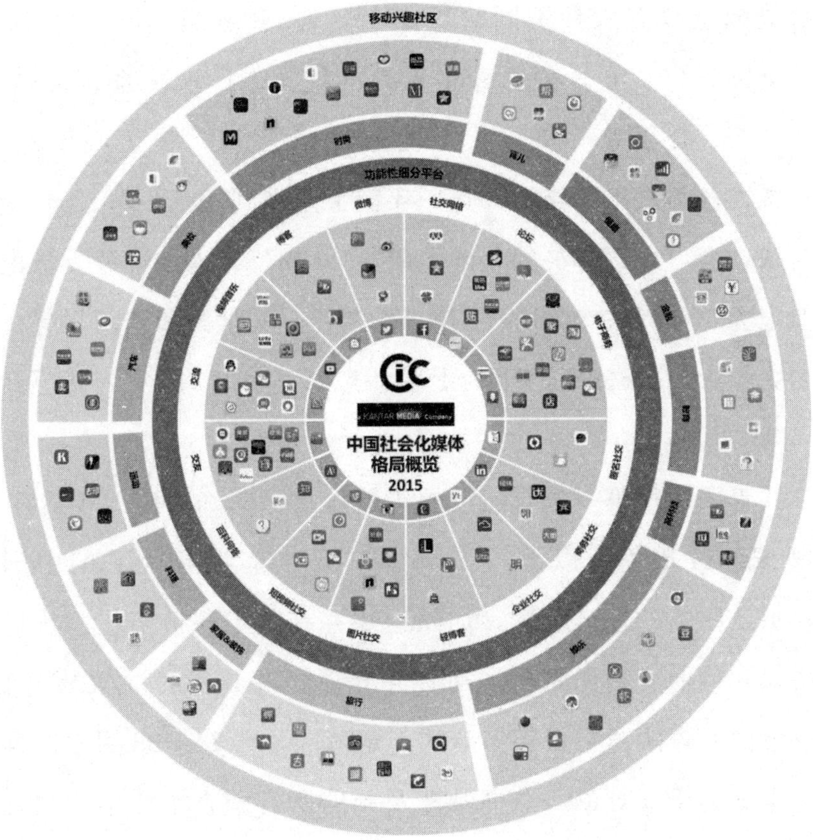

图 1－4　中国社会化媒体格局概览（2015）

资料来源：CIC

五、青少年与社会化媒体

1. 青少年概念界定

“青少年”（adolescent）一词来源于拉一丁语“adolescere”，其含义是“发育、成长，长为成年人”[①]。目前我国关于青少年的

① 何先友. 青少年发展与教育心理学［M］. 北京：高等教育出版社，2009：4.

年龄范围至少有六种不同的界定。（1）共青团：14—28周岁；（2）全国人口普查，关于青年人口的统计：15—34岁；（3）机关、学校、企事业等单位：一般将30周岁以下员工归于青年；（4）各级各类杰出青年的评选，年龄上限划到40周岁；（5）全国青年联合会：入选委员的年龄上限为40周岁，入选常务委员的年龄上限为45周岁；（6）企业界、科技界、文学界和艺术界等，对冠名为“青年xx家”的年龄上限一般都达到45周岁，甚至高达49周岁。[①]

共青团章程第一条对团员的年龄作出了明确规定：年龄在14周岁（含14周岁）以上，28周岁以下（含28周岁）的中国青年，承认团的章程，愿意参加团组织并在其中积极工作、执行团的决议和按期交纳团费的，可以申请加入中国共产主义青年团。本书参照共青团对青少年年龄的界定范围，即14－28周岁的群体作为本书的研究对象。本书所涉及到的所有调查中使用的“青少年”概念除在少数地方做出修正说明外，均指年龄在14周岁（含14周岁）以上，28周岁以下（含28周岁）的人口群体。

我们把青少年的年龄以5年为一个距离划分为三个年龄段，即14－18周岁，19－23周岁和24－28周岁。之所以这么划分，是基于两点考虑：一是遵循年龄段年龄差等距原则；二是这么划分能够尽量保证同一年龄段的样本同质性高。而不同年龄段的样本异质性高。14－18周岁年龄段的青少年大多处于中学阶段，19—23周岁的大多处于大中专阶段，而24－28年龄段大多处于

① 莫晓春. 关于青少年年龄界定问题的思考［J］. 广东青干部学院学报，2009（2）：39.

研究生阶段或在职阶段。本书所有涉及到关于青少年不同年龄在使用社会化媒体的动机、频率、影响上的差异方面的分析，均是将青少年的年龄划分为这三个阶段。

2. 青少年身心发展特点

青少年时期正处于向成人迈进的时期，他们的世界是充满机遇、挑战和竞争，竞争势必会为他们带来压力。在遇到机遇与挑战时他们会感到兴奋与刺激，而遇到压力时他们有可能会感到困惑与彷徨。在这个繁花似锦的世界中，许多青少年对自己的未来有一个美好的憧憬，但同时又容易迷失自己。他们的身心发展处于一系列矛盾之中，呈现出相对于其他群体所独有的特点，主要体现在以下三个方面。

（1）*身心发展及其矛盾*

首先，心理年龄滞后于生理年龄。青少年的生理机能逐渐成熟，大脑的发育趋于完善，大脑中的皮质沟回、神经纤维以及神经细胞逐渐完善，身高、体重，以及第二性征处于快速的发展变化之中等。他们体验到成人的感觉，这种成人感加快了他们人格的发展速度[①]。然而，从总体上看，青少年的生理发展速度往往会超过心理发展速度，呈现出生理年龄与心理年龄不一致的状况。在性特征方面，性的成熟也为青少年的心理发展带来很大的影响。青少年随着自己的形体、形态和生理机能的不断成熟为其性意识

① 林崇德，李庆安．青少年身心发展特点［J］．北京师范大学学报（社会科学版），2005（1）：49.

的苏醒奠定了良好的基础，青少年对于性机能会产生新鲜感与好奇心[①]。在情感上她们会格外希望接触异性，但行为上又不知如何与异性相处，心理上会产生害羞、内敛、激动和紧张的情绪。异性青少年之间的关系呈现一定的微妙性，看似亲密，又刻意疏远；刻意疏远，又渴望接近。

（2）认知发展及其局限

随身生理的成长变化，青少年的抽象逻辑思维和辩证逻辑思维都得到一定程度的发展，在遇到问题时解决问题的能力有了突破性的进步，同时自我意识增强，会不断反省自己以及监督自己。此外，创新思维非常活跃，他们会大胆勇敢地跳出前人所设置的条条框框的束缚提出自己的新思路与新见解。但是，青少年的人生经历仍然比较匮乏，对于世界观、人生观、价值观的正确解读还处于模糊状态，无法全面地看待问题，以致于会出现盲目性特征，即在思维品质方面出现一定的矛盾。思维的发生和发展，服从于一般的、普通的规律，又表现出个性差异，这种差异表现为个体思维活动中的智力特征，这就是思维品质（thinking traits），又叫做思维智力品质（intelligence traits of thinking）[②]。青少年时期的思维品质出现的矛盾，主要体现在他们的独立性和批判性上。一方面我们希望青少年能够提高自己独立与批判的能力；但另一方面，毕竟青少年的理论知识、人生经验以及认知能力还尚且不

① 林崇德，李庆安．青少年身心发展特点［J］．北京师范大学学报（社会科学版），2005（1）：50．

② 林崇德，李庆安．青少年身心发展特点［J］．北京师范大学学报（社会科学版），2005（1）：52．

足，所以对待一些问题的看法会过于片面和狭隘，习惯性只注重表象而忽视内在本质，很容易滋生不满于家长与老师管教的情绪，表现出怀疑一切、坚持己见的叛逆性特征，喜欢偏执、孤立地看问题，苛责别人而善于包容自己，容易走极端，肯定一切或者否定一切。

(3) 社会性发展及其制约

社会性发展（Social Development）指的是在个体毕生发展过程中，个体在与他人关系中表现出来的，观念、情感、态度和行为等随着年龄而发生的变化①。

青少年的社会性发展主要分为五个阶段：初始阶段，主要是家庭、学校向青少年传授、灌输基本社会认知和本领，此阶段是青少年学习知识、技能和社会规范的最佳时期；展望阶段，主要是青少年对于未来想要扮演的角色进行社会学习过程，譬如，对于以后自己要从事哪种职业，以及成为哪种人的学习；成长阶段，是青少年在初始社会化成果的基础上进行的社会化，当环境发生变迁时，为了适应生活的需要青少年必须重新学习新的环境和新的角色而继续进行社会化；反馈阶段，是指青少年将新的文化知识、技能、价值观、生活方式传递给他们的父母或前辈的过程；再次，社会化阶段，是一种强制性的对青少年教化过程，使青少年有意忘掉其在以前的社会化过程中所习得的价值观念、行为模式和自我认同，从而接受一种截然不同的、新的价值规范和行为模式。

---

① 郑淮. 场域视野下的学生社会性发展研究［D］. 西南大学，2003.

青少年在整个社会性发展变化的过程中会受到社会结构因素、文化、家庭、学校、同伴等各方面的影响，社会、家庭、学校、同伴等共同构成青少年社会性发展的“场域”。一方面，青少年会在社会、家庭、学校、同伴的正向教育、引导和影响中习得社会规范，按照社会期望塑造自己；另一方面，青少年也会在社会不良现象尤其是现代社会剧烈变迁过程中产生的社会问题如腐败、贫富差距、离婚率上升、就业难等，学校和家庭的错误教育方式，以及同伴的差异性交往尤其是在现代社交媒体（社会化媒体）搭建的虚拟社区中滋生与漫延的青少年越轨亚文化等不良影响下，树立错误的世界观、人生观和价值观，导致社会化过程失败，社会性发展受制、停滞甚至倒退。

3. **青少年与社会化媒体**

据中国互联网信息中心（CNNIC）公布的《第37次中国互联网络发展状况统计报告》显示，截至2015年12月底，“我国网民数量已经达到了6.88亿，手机网民规模6.20亿，互联网普及率为50.3%，网民以10—39岁年龄段为主要群体，比例合计达到75.1%，其中20—29岁年龄段的网民所占比例最高，达29.9%。”[①]（如图1-5）。不难看出，青少年群体已成为互联网使用频率最高的群体。而随着社会化媒体应用平台的不断出现，青

① 中国互联网络信息中心．第37次中国互联网络发展状况统计报告［EB/OL］．http：//www. cnnic. net. cn/hlwfzyj/hlwxzbg/hlwtjbg/201601/t20160122_52624. htm.

少年对互联网的使用也越来越多地体现在其中的社会化媒体上。据统计，在众社会化媒体类型中，QQ空间在网民中的使用率最高，其次是微博（如图1-6）。QQ空间、微博等社会化媒体其功能多样、使用灵活，能够满足的特点更迎合了青少年的口味，更是得到青少年群体的极力推崇。如QQ空间它有专门的视频模块、flash模块、图片模块、音乐模块、游戏模块等，且创建时间比较早，用户基础比较牢固，主要是青少年用户，一旦有所创新它在青少年群体中也将迅速传播开来，而如今QQ空间主要是为了满足用户对个人关系链信息的需求。微博则主要满足青少年对兴趣信息的需求，是青少年用户获取和分享“新闻热点”、“兴趣内容”、“专业知识”、“舆论导向”的重要平台。同时，微博在帮助青少年基于共同兴趣拓展社交关系方面也起到了积极的作用。除此之外，还有视频类媒体、电子商务类媒体、即时通讯类媒体、交友类媒体等用户数量也稳步提升。

社会化媒体本身的特性对青少年群体更具吸引力，随着社会化媒体的发展以及功能性应用及传播的内容和信息逐渐丰富，将会有越来越多的青少年成为社会化媒体的用户，青少年对于社会化媒体的使用强度、参与度、活跃程度、依赖性等正在并且将持续加深。然而，青少年自身的成长特点也决定了他们更易受到社会化媒体的影响。社会化媒体已经越来越多地占据了青少年的日常生活，并且和家庭、学校一样充当着青少年社会化的重要角色。因而，对青少年使用各类社会化媒体的情况及其对青少年身体、学习、交往、心理、成长成才等方面的影响展开调查研究具有重要的理论意义与现实意义。

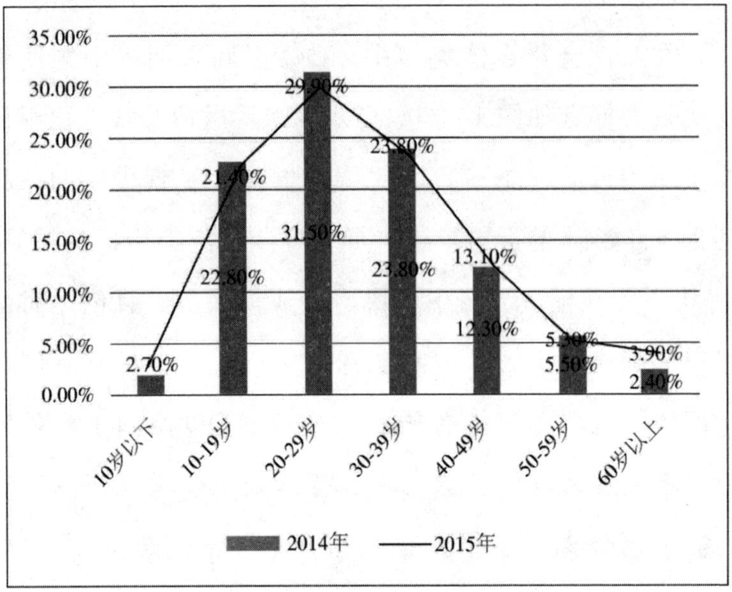

图 1－5　中国网民年龄结构

资料来源：中国互联网络信息中心《第 37 次中国互联网络发展状况统计报告》

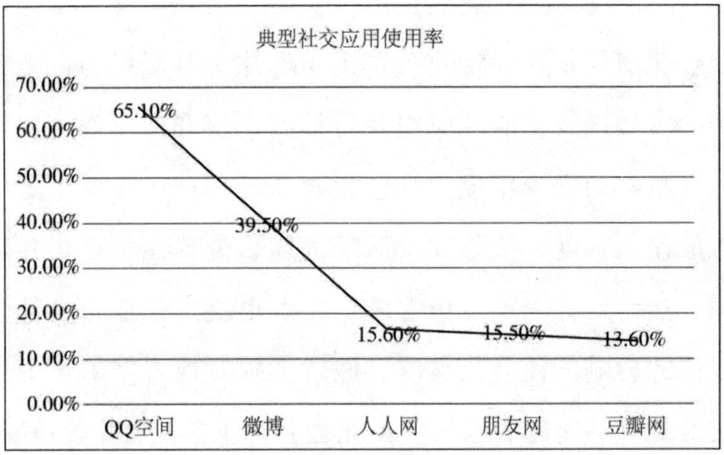

图 1－6　典型社会化媒体在网民中使用的人数比例

资料来源：中国互联网络信息中心《第 37 次中国互联网络发展状况统计报告》

六、学术史回顾

1. 国外社会化媒体对青少年影响的研究现状与趋势

相对于其他的方面来说，国外具体到研究“社会化媒体对青少年影响”的文献并不多见，但是总体呈现出活跃的态势，这也和社会化媒体研究自身的发展以及社会化媒体对青少年的影响不断深化的现状相关。国外关于社会化媒体对青少年影响的研究主要集中在以下几个方面：

（1）社会化媒体对青少年身心健康的影响研究

部分学者认为社会化媒体影响青少年对性的认识，降低社会化媒体在传播信息时的自由度[①]，在“It would be weird to have that on Facebook：young people's use of social media and the risk of sharing sexual health information”一文中也提到，通过 Facebook 在网络上共享性信息，不利于身心健康。社会化媒体的使用已被证明与青少年抑郁，焦虑，物质滥用和人格障碍有联系[②]。

① ［西班牙］曼威·卡斯特、陈韬文等．中国、传播与社会网络［J］．收录于陈韬文，黄煜，马杰伟等．与国际传播学大师对话［M］．北京：中国人民大学出版社，2011．

② 参见鲍昊喆，董金权，社会化媒体对青少年影响研究述评［J］．黑河学院学报，2015（2）：36－38．

因为社会化媒体对青少年的身心健康有着很大的影响，因此有学者提出，可以通过社会化媒体吸引年轻人对自身身心健康的关注，尤其是传染病，降低多发病的比率，促进青少年的身心健康发展。

（2）社会化媒体在教育过程中对青少年的影响研究

随着社会的发展，教育的方式和方法发生了很大的变化，在社会化媒体出现之后，无论是作为教育者的教师还是受教育者的学生，获取信息的方式，学习的方式都在不断的创新，国外对于社会化媒体在教育过程中对青少年影响的研究较多。研究认为教师可以通过社会化媒体对于哪些方面可以影响学生的学习成绩的信息进行探索和搜寻；Hussain 认为社会化媒体对教学过程的丰富和教学手段的多样化有着很大的意义①；《Design to support distance teacher education communities：A case study of a student-student e- N. Dabner》一文中提到，可以通过社会化媒体进行远程教育，分享教育资源，使得不同学校不同地区的青年人可以相互交流、相互学习；A. Hewitt 和 A. Forte 在《Crossing boundaries：Identity management and student/faculty relationships of Facebook》一文中以 facebook 为例，认为可以将社会化媒体运用在教学过程中，拉近教师和学生的距离②。

（3）社会化媒体对青少年行为层面的影响研究

有些学者认为社会化媒体改变了青少年获取信息以及进行社

① 参见鲍昊喆，董金权，社会化媒体对青少年影响研究述评［J］．黑河学院学报，2015（2）：36—38.

② 参见鲍昊喆，董金权，社会化媒体对青少年影响研究述评［J］．黑河学院学报，2015（2）：36—38.

会交往的方式。美国学者 Diverse 就在“Autumn Arnett. Social Media Gives Prospective Inernational College Students a Sneak Peek”一文中提及，社会化媒体在信息的传播速度和角度上与传统的媒体相比具有很大的前瞻性①，认为社会化媒体诱发了青少年犯罪和暴力倾向②。

2. 国内社会化媒体对青少年影响的研究现状与趋势

国内关于社会化媒体对青少年的影响研究起步较晚，近几年取得了一定的进展，取得的成果集中在以下几个方面：

（1）社会化媒体对青少年心理以及价值观层面的影响研究

杨深淅认为社会化媒体衍生了青少年自恋的心理，导致青少年不能正确地认识自我③。何小明认为社会化媒体加剧了青少年的孤独感和虚空感④。耿淑在研究中则发现，社会化媒体是青少年信仰迷失、审美观偏离、价值认知偏差的重要诱因。但也有利于青少年体现自身的价值，张扬自己的个性，满足年轻人多样化社交需求，可以为青少年的价值观教育提供一个全新的平台和载体⑤。

---

① 参见鲍昊喆，董金权，社会化媒体对青少年影响研究述评［J］．黑河学院学报，2015（2）：36－38.

② 参见鲍昊喆，董金权，社会化媒体对青少年影响研究述评［J］．黑河学院学报，2015（2）：36－38.

③ 参见鲍昊喆，董金权，社会化媒体对青少年影响研究述评［J］．黑河学院学报，2015（2）：36－38.

④ 参见鲍昊喆，董金权，社会化媒体对青少年影响研究述评［J］．黑河学院学报，2015（2）：36－38.

⑤ 参见鲍昊喆，董金权，社会化媒体对青少年影响研究述评［J］．黑河学院学报，2015（2）：36－38.

（2）社会化媒体对青少年社会化层面的影响

洪明认为社会化媒体满足了青少年社会化过程中“反向社会化的需求”①。李朝霞认为，社会化媒体可以为青少年提供社会化过程所必需的资讯与信息，可以增长见识，提高素质，它促使青少年社会化体现出更多的自主性②。

（3）社会化媒体对青少年行为层面的影响

曹宇巍认为社会化媒体改变了青少年的社会交往形式、信息获取方式、语言表达习惯、思想诉求的表达渠道③。刘运来认为社会化媒体导致了青少年后台行为的前台化，并由此可能导致青少年前、后台角色的冲突④。徐彦泰认为社会化媒体所呈现的色情亚文化与青少年性犯罪、暴力亚文化与青少年暴力犯罪存在相关性⑤。

国外在理论层面和应用层面的研究较为宏观，相对国内研究显得更为成熟，但具体到社会化媒体对青少年影响的研究较少。国内近几年关于社会化媒体对青少年影响的研究取得了一些进展，但研究成果也只是散见于一些论文之中，关于社会化媒体、自媒体、新媒体等概念也较为混乱；目前尚未发现较为全面系统地专

① 参见鲍昊喆，董金权．社会化媒体对青少年影响研究述评［J］．黑河学院学报，2015（2）：36－38.

② 参见鲍昊喆，董金权．社会化媒体对青少年影响研究述评［J］．黑河学院学报，2015（2）：36－38.

③ 参见鲍昊喆，董金权．社会化媒体对青少年影响研究述评［J］．黑河学院学报，2015（2）：36－38.

④ 参见鲍昊喆，董金权．社会化媒体对青少年影响研究述评［J］．黑河学院学报，2015（2）：36－38.

⑤ 参见鲍昊喆，董金权．社会化媒体对青少年影响研究述评［J］．黑河学院学报，2015（2）：36－38.

门探讨社会化媒体对青少年影响的学术性专著。社会化媒体对青少年影响的研究并没有成为系统性的课题引起学者的连续性关注，现有成果多限于工作交流与探讨，且偏重于传播学视角上对其技术性进行关注。研究方法上，缺乏实证研究，研究结论均有待于进一步检验。本书的研究可在一定程度上弥补这些研究缺陷。

本书在对青少年与社会化媒体基本理论进行梳理的基础上，用近两年的时间，通过 7 次问卷调查，共涉及有效样本 6421 个，调查对象的范围囊括了我国东部、南部、西部、北部地区，含北京、上海、杭州、湖州、南京、苏州、合肥、芜湖、阜阳、黄山、南昌、大连、湘潭、桂林、兰州、成都、重庆等数十个地市区的城乡青少年，以及 985 高校、211 高校、一般本科院校和专科院校共 50 余所院校的在校大学生。调查方法以邮寄或发放纸制问卷调查为主，配合网络在线（问卷星）调查，呈现青少年使用各类社会化媒体的基本概貌，包括频率、动机以及偏好等。通过相关性分析，揭示不同人口背景变量的青少年使用各类社会化媒体的不同特征，以及各类社会化媒体对不同人口变量的青少年的不同影响，数据详实，力求科学严谨，努力靠近真相。在此基础上，提出可供相关部门借鉴的政策建议与相关社会力量参考的对策措施。

第二章　青少年使用社交类社会化媒体调查

在国内快速发展的社会化媒体中，对青少年最具吸引力之一的莫过于网络社交媒体，即社交类社会化媒体。目前国内已有千余家社交网站，国内用户数量已经超过 1 亿。作为使用网络社交媒体的主要群体，青少年不仅将网络社交作为一种新的交往方式，也将其当作是一种全新的生活方式。本章主要以人人网为例，结合考察微信“附近的人”、微信“摇一摇”、QQ“附近的人”、“陌陌”等网络社交媒体，通过对 1264 名青少年的调查研究，试图描绘出青少年使用网络社交媒体的基本图景，探讨使用网络社交媒体对青少年身体、行为、心理、交往等各方面的影响及其人口统计学差异。

在呈现出青少年使用网络社交媒体的基本图景的基础上，我们的研究发现，网络社交媒体的深度使用者更可能是肥胖者；网络社交媒体孕育着青少年的社会意识和公益精神，但同时又导致各类越轨行为的滋生和蔓延；拓展了交际范围和手段，积累了社会资本，其“含蓄性”和“选择性”表达特征更容易促进青少年的情感交流及实际互助，但同时也诱致和加深了青少年的网络“软瘾”，即一种游离于“爱与痛的边缘”的现代情绪。

一、调查方法

1. 问卷发收

在全国范围内发送纸制问卷（邮寄发送）和电子问卷（通过电子邮件滚雪球方式发送），同时配合在线问卷，在线问卷通过问卷星专业问卷调查网（http：//www. sojump. com）发送。线上和线下共发送问卷 1400 份，其中纸制问卷 900 份，电子问卷 300 份；在线问卷 200 份。回收 1271 份，回收率为 90.79％，经统计后，共计有效问卷 1264 份，有效回收率约为 90.2％。有效问卷含线下纸质问卷 778 份，电子问卷 286 份，在线问卷 200 份。

2.“社交类社会化媒体”概念的操作化

本书所指的社交类社会化媒体，即社会交往类社会化媒体的简称，特指一般意义上的网络社交媒本，主要指用于交友与关系维持的网络平台，包括各类社交网站（Social Network Site，简称“SNS”），如人人网、朋友网、人和网、若邻网、珍爱网、百合网、世纪佳缘等，以及其他一些社会化媒体上的交友功能平台，如微信“摇一摇”、微信“附近的人”、QQ“附近的人”等。

之所以选择以人人网为例，基于以下几点考虑：一是人人网是中国领先的实名制社交网络平台，位于中国互联网100强前第12名，总用户超过2亿；二是2009年人人网即推出了APP平台，用户可以通过智能手机登录和访问；三是人人网通过申请好友、好友推介、发布日志、保存相册、音乐视频等功能，搭建了一个功能丰富高效的交友、关系维持、信息交流、休闲娱乐的网络平台，在青少年用户中具有较高的知名度。

3. 样本分布

区域上，有效样本对象当前生活地囊括了国东部、南部、西部、北部地区，含北京、上海、杭州、湖州、南京、苏州、合肥、芜湖、阜阳、黄山、南昌、大连、湘潭、桂林、兰州、成都、重庆等17个地市的城乡青少年。

性别上，男生有636人，占总问卷数的50.32%；女生628人，占问卷总数的49.68.%。

年龄大部分集中在在19—23岁之间，有692人，占总人数的54.75%；其次是24—28岁之间的有432人；14—18岁的青少年

140 人，所占比例有 11.08%。

在校生有 680 人，占总人数的 53.08%，非在校生有 584 人。

学历上，大学本科所占比例较高，有 592 人，占 46.84%，其次是大专生，有 320 人，占 25.32%。

在被调查者当中，非常肥胖和很瘦的所占比例都比较少分别是 2.22%和 3.48%，肥胖适中较多占 39.56%，其次是有点肥胖的占 23.73%，偏瘦的占 18.67%，比较肥胖占 12.34%（见表 2－1）。

表 2－1　样本分布

人口特征	变量	人数	比例
性别	男	636	49.68
	女	628	50.32
年龄	14—18	140	11.08%
	19—23	692	54.75%
	24—28	432	34.18%
是否在校生	在校生	670	53.08%
	非在校生	592	46.2%
学历	初中及以下	104	8.23%
	高中或中专	204	16.14%
	大专	320	25.32%
	本科	592	46.84%
	硕士及以上	44	3.48%

身体肥胖程度	非常肥胖	28	2.22%
	比较肥胖	156	12.34%
	有点肥胖	300	23.73%
	肥瘦适中	500	39.56%
	偏瘦	236	18.67%
	很瘦	44	3.48%

二、频率和动机

1. 人数和频率：略超一半的青少年是人人网的用户，男性数量与访问频率均高于女性，年龄上呈“鱼钩”形态

调查显示，有超过一半的青少年是人人网的用户，男性青少年用户数量与使用频率均明显高于女性青少年。在1264位受调查者当中，有636人是人人网用户，占50.32%，其中男性用户有376人，占受访男性的59%；女性260人，占41%。26.6%的男性青少年和18.46%的女性青少年基本每天都会访问至少一次人人网，而超过7天以上才会访问1次的男性和女性青少年分别为30.85%和35.38%（见表2-2）。

表 2-2 性别与访问频率交叉表

	基本每天都会访问至少1次	2－3 天访问1次	4－5 天访问1次	6－7 天访问1次	超过7天以上才会访问1次	小计
男	100 (26.60%)	64 (17.02%)	60 (15.96%)	36 (9.57%)	116 (30.85%)	376 (100%)
女	48 (18.46%)	48 (18.46%)	48 (18.46%)	24 (9.23%)	92 (35.38%)	260 (100%)

调查发现，年龄与访问频率呈现“鱼钩”型曲线，处于年龄两端的青少年访问人人网的频率高于中间年龄段，处于年龄两端的青少年当中，低年龄段明显高于高年龄段，即“高一最低一次低”的“鱼钩”形态。有 46.67%的 14—18 岁和 22.95%的 24—28 岁的青少年每天访问至少一次，而 19—23 岁的青少年此比例只有 19.28%。每 2—3 天和 4—5 天访问 1 次的青少年也是年龄两端的多于中间年龄段的，而 6—7 天和超过 7 天以上才访问 1 次的以中间年龄段为多（见表 2-3）。这是因为，低年龄组（14—18 岁）的青少年大多处于高中阶段和初中高年级阶段，由于其在现实生活中人际交往的封闭性，以及他们对网络社交具有更大的好奇，更容易在人人网此类社交媒体中满足交往和情感互助的需求；而处于中间年龄段（19—23 岁）的青少年大多处于大学本科或专科阶段，其相对丰富的业余生活以及现实生活中人际交往的开放性降低了他们对网络社交的兴趣和需求。

表 2-3 年龄与使用频率交叉表

	基本每天都会访问至少1次	2－3 天访问1次	4－5 天访问1次	6－7 天访问1次	7天以上访问1次	小计
14－18	28（46.67%）	12（20.00%）	20（33.33%）	0（0.00%）	0（0.00%）	60（100%）
19－23	64（19.28%）	52（15.66%）	48（14.46%）	36（10.84%）	132（39.76%）	332（100%）
24－28	64（22.95%）	48（19.67%）	40（16.39%）	24（9.84%）	76（31.15%）	244（100%）

2. 动机：拓展人际交往为主因，男性青少年更显好奇和无聊

人人网采取实名制注册，通过“搜索”和“好友推荐”功能，用户可与同为人人网用户的失去联系的熟人或人人网推荐的“可能认识的人”快速建立起新的联系，并通过“状态”、“日志”、“留言”等方式展开互动。人人网这一搭建交友以及维持熟人之间联系桥梁的功能正是吸引青少年注册并访问人人网的主要原因。调查显示（见表 2-4），50.31%的青少年用户（其中男性占51.06%；女性占49.23%）持有“与熟人或可能认识的人建立起新的联系”这一动机，位各类动机之首，男性和女性均是如此。其次，与QQ、微信等即时通迅类社会化媒体一样，人人网亦可通过一方申请、另一方同意“加为好友”的方式结识新的好友，极大地拓展了青少年的交际圈。44.03%的青少年持有这一动机，男女比例分别为51.06%和40%，位于各类动机的第二位，且男性青少年和女性青少年亦均是如此。可见“与老朋友建立新的联系”以及“结识新的好友”等维护和拓展人际交往是青少年访问

人人网的主要动机，人人网成为青少年拓宽人际交往的新工具、新形式和新手段，也是他们一种重要的生活方式。

表 2-4 性别与使用动机交叉表

		建立联系	结识新好友	了解资讯	好奇	无聊	不用就落伍	娱乐	发布动态	习惯	其他	小计
男	人数	192	176	124	144	132	108	112	108	64	12	376
	比例	51.06	46.81	32.98	38.30	35.11	28.72	29.79	28.72	17.02	3.19	100
	排序	1	2	5	3	4	7	6	7	9	10	
女	人数	128	104	88	60	56	80	56	60	60	8	260
	比例	49.23	40.0	33.85	23.08	21.54	30.77	21.54	23.08	23.08	3.08%	100
	排序	1	2	3	5	8	4	8	5	7	10	
合计	人数	320	280	212	204	188	188	168	168	124	20	636
	比例	50.31	44.03	33.33	32.08	29.56	29.56	26.42	26.42	19.50	3.14	100
	排序	1	2	3	4	5	5	7	7	9	10	

男性排在第三、四位的动机是分别因为好奇（38.30%）和无聊（35.11%），此两类动机明显多于女性，由此可见男性青少年会更因为好奇和无聊等因素访问人人网；女性排在第三、四位的动机则分别是了解资讯（33.85%）和觉得不用就落伍30.77%，此两类动机均略多于男性（32.98%和28.72%），经检验不具备统计学的显著意义。另外，分别有26.42%、26.42%、19.50%的青少年持有的动机为“娱乐”“发布动态”和“空闲时间访问人人网已成为一种习惯”。

三、影响

1. 身体：深度使用者更可能是肥胖者

我们试图揭示高频率长时间访问人人网可能会给我们身体带来的影响，但影响身体的因素以及身体健康状况的指标繁多，对研究结果带来了巨大的干扰，所以我们选取一个代表性的指标来进行测量。医学上，一个人的肥胖程度往往是其身体健康状况的一个重要表征，所以我们肥胖程度作为变量，将其与使用频率进行交叉分析。我们将使用频率最高的即“基本每天都会访问至少1次人人网”的148名青少年“深度使用者”和使用频率最低的超过7天以上才会访问1次人人网的208名青少年低频用户的身体肥胖程度进行对比，结果显示（见表2－5），深度使用者更可能是肥胖者，四成的深度使用者偏胖。深度使用者非常肥胖、比较肥胖和有点肥胖的比例分别为2.70％、18.92％和18.92％，合计占40.54％；而低频使用者对应数据为0％、9.62％、23.08％，合计为32.7％。而低频使用者偏瘦（23.08％）和很瘦（7.69％）的比例合计为30.77％，深度使用者对应数据为18.92％和0％，合计为18.92％。卡方检验P值为0.000，有显著性相关关系。这其中可能的原因也很简单，高频率长时间使用网络导致的静坐状态以及对于运动时间的抵耗导致了身体更容易肥胖。

表 2-5 肥胖程度与使用频率交叉表

频率	非常肥胖	比较肥胖	有点肥胖	肥瘦适中	偏瘦	很瘦
基本每天都会访问至少1次	4 (2.70%)	28 (18.92%)	28 (18.92%)	60 (40.54%)	28 (18.92%)	0 (0.00%)
超过7天以上才会访问1次	0 (0.00%)	20 (9.62%)	48 (23.08%)	76 (36.54%)	48 (23.08%)	16 (7.69%)

	值	df	渐进 Sig.（双侧）
Pearson 卡方	87.442	20	0.000
似然比	100.557	20	0.000
线性和线性组合	4.459	1	0.035
有效案例中的 N	636		

2. 行为：是公益行为的平台，也是越轨行为的温床

网络以其快捷性、互动性、去中心化、跨空间障碍等优势，正逐步搭建起“一个低门槛、透明化、方便快捷且高效互动的网络公益大平台”①。网络与公益的“联姻”形成的网络公益正在成为一种新兴的公益形式，近年来一些公益网站和“博客公益”的兴起与发展正是其典型的代表。然而，并非专门的结社性网络组

① 王璐. 网络公益不仅仅是时尚［N］. 山西日报，2009－02－22.

织和公益名家的“博客”才能发起和组织公益行动。我们的研究发现，人人网此类交友网站也是人们发起、组织和参与公益志愿活动的重要形式。在我们调查的636名青少年人人网用户中，有64人（占10.06％）曾在线上发起过公益活动，有42人（占6.60％）参加过人人网用户在线上发起的公益活动。虽然在人人网发起或通过人人网组织、参与公益活动的青少年比例还不是很多，但它表明了注册并访问人人网的青少年用户也并非全部是为了交友、因为无聊或是某种时尚，还有一种可贵的社会意识和公益精神在孕育。我们认为，将会有越来越多的青少年通过人人网等社交媒体发起与参与公益活动，2008年“汶川大营救”中的许多青年志愿者就是由一些社交媒体发起并组织起来的，它代表了当代青少年的公益诉求，这种公益诉求与网络结合，将成为一种趋势。对于这种交友类网站隐隐散发的青少年公益意识和志愿精神，若我们加以积极引导和规范，对于青少年公民意识、责任意识、社会意识的培育以及促进我国公益事业的发展均有着重要的意义。

然而，另一方面，网络社交媒体也因其架起了交往者之间的“屏风”，而成为网络越轨行为滋生和蔓延的温床。青少年在网络社交媒体的互动过程中，容易出现非理性的话语暴力以及发布或浏览暴力和色情内容。调查显示，有40.43％的男性和29.23％的女性青少年用户在人人网里使用过侮辱、骂人、脏话等不文明语言，18.09的男性和18.46％的女性青少年用户在人人网里浏览过暴力或色情内容，共计有54％的青少年用户使用过不文明语言或浏览过暴力或色情内容，其中男性占58.52％，女性占47.69％

（见表 2－6）。

表 2－6 性别与越轨行为交叉表

	使用过不文明语言	浏览过暴力或色情内容	小计
男	152（40.43%）	68（18.09%）	220（58.52%）
女	76（29.23%）	48（18.46%）	124（47.69%）
总计	228（35.8%）	116（18.2%）	344（54%）

为进一步揭示青少年在网络社交媒体上的越轨行为，我们还成立了另外一支课题组，进行了一项“青少年使用社交媒体与陌生人交往的调查研究”，在全国范围内抽取了 933 名青少年，对其使用微信“摇一摇”、微信“附近的人”、QQ“附近的人”、电子邮箱“漂流瓶”、“陌陌”等社交媒体与陌生人交往进行调查研究，结果发现：超过八成或将近八成的男性和女性都使用过“QQ 附近的人”、“微信摇一摇”、“电子邮箱漂流瓶”、“微信附近的人”专门用来和陌生人进行交往的网络媒体（见表 2－7）。在这些媒体的青少年用户中，超过两成的青少年（男性 22.1%，女性 20.9%）与陌生人见面后至少有过一次“上当受骗”的经历。有 7.4%的男性和 6.8%的女性至少有一次成功地实施了非法行为。有 5.9%的男性和 4.7%的女性通过社交媒体与陌生人见面后至少与一个见面对象发生过一夜情（仅 1 次性关系）。甚至有 11.6%的男性和 6.4%的女性与陌生人见面后与至少一个见面对象保持长期性伙伴关系（与同一人 3 次以上的性关系）。有 9.1%的女性和 8.5%的男性通过社会化媒体与陌生人交往后，至少与一个见面对象发展成为第三者或婚外恋等非正常婚恋关系（见表

2-8)，关于此项研究，我们还会专门另辟一章进行展开。可见，网络社交媒体在一定程度上确已成为滋生青少年越轨行为的温床。

表 2-7 青少年使用专门和陌生人交往的网络社交媒体的种类和频数

	微信摇一摇	微信附近的人	QQ 附近的人	电子邮箱漂流瓶	陌陌
男	81.9%	79.3%	89.7%	80.8%	68.3%
女	79.6%	78.5%	84.6%	85.6%	28.3%

表 2-8 青少年使用社交媒体与陌生人交往的越轨行为

	发生一夜情	长期性伙伴	暧昧关系	非正常恋人	上当受骗	实现非法目的
男	5.9%	11.6%	29.2%	8.5%	22.1%	7.4%
女	4.7%	6.4%	17.8%	9.1%	20.9%	6.8%

3. 交往：拓展了交际范围和手段，积累了社会资本，促进了情感及实际互助

人人网不但为青少年维持熟人关系提供了桥梁作用，也为结识新的好友提供了新型方式，其便捷性、趣味性和含蓄性更是契合了青少年的心理，大大拓展了青少年的交际范围和交际手段，一方面为青少年积累了社会资本，另一方面也促进了青少年之间的情感互助和线下实际互助。

哈佛大学心理学教授米尔格兰姆在 1967 年提出的著名的六度分割理论告诉我们，你和任何一个陌生人之间所间隔的人不会超过六个，即最多通过六个人，你就能够认识任何一个陌生人。人

人人网等网络社交媒体以其时间的即时性和空间的跨越性，可以在极小的沟通成本下，极其便捷地拾建起“六度空间”，在帮助用户建立和发展新的朋友中发挥着重要作用，用户能够利用朋友的好友名单，即是朋友的朋友，无需他们的介绍，或者根据个人兴趣爱好寻找志趣相投的朋友。调查表明，在使用人人网的青少年当中，40.0%的女性和39.36%的男性“通过这类媒体结识了至少3个以上要好的朋友”（见表2-9）。

表2-9　性别与网络社交媒体对青少年交往的影响交叉表

	更能表达想要表达的意思	结识了至少3个以上的好友	得到新好友的帮助	交流了情感	放松心情	其他
男	124（32.98%）	148（39.36%）	156（41.49%）	240（63.83%）	176（46.81%）	20（5.32%）
女	104（40.00%）	1（40.00%）	19（29.23%）	49（75.38%）	41（63.08%）	4（6.15%）

我们的研究还发现，人人网也大大促进了青少年用户与新老好友之间的情感互诉与交流，这种交流情感的作用在女性青少年身上体现得更为突出。调查表明（见表2-9），在使用人人网的青少年当中，75.38%的女性和63.83%的男性肯定“人人网为自己提供了一个交流情感的平台”；63.08%的女性青少年和46.81%的男性青少年觉得访问人人网可以让自己“放松心情”，女性更认可人人网的情感交流作用。这其中的原因，一方面人人网的实名注册制在一定程度上促成了交流的诚恳性和信任度，另一方面，汉字文化深邃的意味以及图像的趣味使网络人际交往的文字和图像互动相对面对面口头的聊天更迎合了国人的含蓄性表达特征，更是为在现实生活中缺乏情感联系的青少年“宅族”提

供了一个情感交流的替代和弥补。和传统的面对面交流相比，人人网犹如在交往的双方之间架起了一扇“屏风”，使青少年在交流过程中可以更好地“选择性”表达，避免了面对面交流的紧张和羞怯，交流也有更多的回旋空间。网络社交媒体所具有的这种“含蓄性”和“选择性”表达特征迎合了青少年尤其是女性青少年的需要。调查显示（见表 2-8），在使用人人网的青少年用户中，40.0%的女性和 32.98%的男性觉得“与面对面聊天相比，这类媒体更能表达想要表达的意思”。我们经常发现，许多青少年在现实生活中“沉默寡言”，却在网络社交媒体里成为了“话痨”就是这个原因。

青少年不仅限于在人人网上与新老好友展开情感互助，他们之间的互助方式也会从线上的情感互助发展到线下的实际互助。调查显示分别有 41.49%和 29.23%的男性青少年和女性青少年得到过这类媒体结识的新朋友给予的线下实际帮助（见表 2-9）。

4. 心理：催生网络“软瘾”

“软瘾”是一种“游离于爱与痛边缘的现代情绪”，由美国心理学家 Judith Wright 提出，指“那些表面上看获得暂时的满足与短时的快感，实际上却被榨取大量的精力，财力或者更多，事后或许会有些后悔，但当时却难以摆脱的强迫性的习惯、行为或情绪”[①]。当代青少年过度地依赖网络或已成为一个事实，我们经

① 刘斌，于瀛．大学生软瘾现状调查分析及对策研究［J］．辽宁大学学报，2013（4）：155—160.

常见到的景象是：无论是在上课、上班、闲聊、聚会、旅行等场合，他们都在频繁地刷机，这种“不同于毒品、药物、酒精的，看似无关痛痒，实则无法自拔的沉迷”，就是网络软瘾的表现。

我们的调查显示，在人人网等社交媒体的使用方面，青少年已表现出一定的网络社交“软瘾”症状特征，表现在特定时间的非正常访问等现象。(1) 在使用人人网的青少年用户中，分别有19.5%和28.93%的青少年在学习或上班时间经常和有时访问人人网，也就是说有接近一半（48.43%）的青少年用户经常或有时在学习或工作时间“忍不住”访问人人网（见表2-10）。(2) 分别有8.81%和35.85%的青少年经常和有时在夜间11点以后还在“不自觉地”访问人人网，两者合计也接近一半（44.66%）（见表2-10）。(3) 在各种等待（如课间休息、等待吃饭、排队等）空档时间以及躺在床准备睡觉前也均有接近一半的青少年用户都在经常或有时“习惯性”地访问人人网，前者经常访问和有时访问的比例分别为10.06%和38.36%，后者经常和有时访问的比例分别为22.64%和25.79%。(4) 在现实面对面的交流过程中也在“有意无意”地访问网络社交媒体，此时会给面对面的交流带来冷漠的氛围，制造面对面的“情感沙漠”，影响现实生活中的人际关系。调查显示（见表2-10），有3.14%和25.79%的青少年用户在与朋友一起面对面的聚会的时候依然经常和有时访问。在学习或工作场合、夜间11点以后、等待时间、睡觉前以及与朋友聚会的时候从不访问人人网的比例分别只有11.95%、23.27%、19.50%、13.84%、22.01%。

表 2-10 不同时间或场合使用人人网的程度

	经常	有时	比较少	从不
在学习（在校生）或工作（非在校生）时间	124（19.5%）	184（28.93%）	252（39.62%）	76（11.95%）
夜间 11 点以后	56（8.81%）	228（35.85%）	204（32.08%）	148（23.27%）
在等待（如等待吃饭、排队等）时间	64（10.06%）	244（38.36%）	204（32.08%）	124（19.5%）
在躺在床上准备睡觉的时候	144（22.64%）	164（25.79%）	240（37.74%）	88（13.84%）
与朋友一起聚会的时候	20（3.14%）	152（23.9%）	324（50.94%）	140（22.01%）

为了进一步揭示青少年对人人网等社交媒体的迷恋上“瘾”的程度，我们再次用“长时间（3 天及以上）不访问就会感到失落”的指标进行了测量。结果显示，分别有 1.26%、15.72%、33.33%的青少年用户非常同意、比较同意和有点同意，也就是说共有略超过一半（50.31%）的青少年用户在不同程度上体会到了长时间不访问人人网产生的失落感（见表 2-11）。

表 2-11 长时间（3 天及以上）不访问人人网就会产生失落感的青少年用户比例。

不访问人人网就会产生失落感	非常同意	比较同意	有点同意	不同意	非常不同意
比例	1.26%	15.72%	33.33%	33.3%	16.35

由此看来，网络社交媒体在为青少年带来新的交往方式与情感互助通道的同时，也将其带进了一种“看似无关痛痒，但却无法自拔”的沉迷状态，产生一种以“强迫性”的访问习惯

以及不同程度的网络社交依存症为表征的网络社交“软瘾”，形成一种“游离于爱与痛边缘的现代情绪”，并在一定程度上为青少年的学习、工作、心理及现实生活中的人际关系带来不利的影响。

第三章　青少年使用内容分享类社会化媒体调查

内容分享类社会化媒体是指主要用于用户发布、传播和获取各种类型内容，包括文本、图片、链接、音乐、视频、游戏等的在线互动平台。它的出现改变了人们信息分享的方式，主要表现为信息传播中内容的主动创造、去中心化和双向发布。目前国内已有万余家内容分享网站，国内用户数量已经超过5亿。作为使用内容分享媒体的主要群体，青少年不仅将内容分享媒体作为彰显个性和存在感的一种途径，同时也将其当作是打发时光、休闲娱乐的一种生活方式。本章以土豆网、优酷网、酷6网、搜狐视频、爱奇艺、迅雷看看、腾讯视频、PPS、百度影音、乐视网、暴风影音、快播等视频分享类社会化媒体为例，通过对856名青少年的调查研究，试图描绘出青少年使用内容分享类媒体的基本图景，探讨使用内容分享类媒体对青少年思想、心理、行为、交往、生活习惯等各方面的影响及其人口统计学差异。

在呈现出青少年使用视频分享类社会化媒体的基本图景的基础上，我们的研究发现，近九成使用者在学习或工作时间访问过各类视频分享类社会化媒体，超三成使用者曾经“经常”逃课访问此类媒体，分别有超两成和近三成的青少年使用者“经常”浏览暴力内容和色情内容。超四成的青少年对此类媒体有不同程度的依赖性，超两成青少年睡眠减少，超三成青少年将访问该类媒体当成睡前“必修课”，少数青少年因使用该类媒体更具暴力倾向和性冲动。对青少年在现实生活中的面对面的交往影响方面，有超三成的青少年与朋友一起面对面聚会的时候还经常或有时使用视频分享类社会化媒体，一些青少年使用者表示在使用视频分享类社会化媒体后更接受独处。

一、调查方法

1. 调查实施

运用自填式问卷调查研究方法，采取的是非概率抽样，但综合考虑了样本的代表性。分别在我国东部、西部、南部、北部、中部选择具有代表性的上海、成都、南宁、北京、芜湖五地，每地委托 3—5 名人员成立调查小组，在尽量保证不同人口背景变量在样本的分布上均具有一定比例的基础上分别发放纸制自填式问卷 100 份、150 份、150 份、150 份、150 份，五地共发放纸制问卷 700 份；同时，配合网络在线问卷（问卷星）300 份。收回纸制问卷 572 份，在线问卷 300 份；其中有效纸制问卷 556 份，有效问在线问卷 300 份，有效问卷共计 856 份，有效回收率 85.6％。

2. 概念操作化

(1) 内容分享类社会化媒体

内容分享类社会化媒体是指主要用于用户发布、传播和获取各种类型内容，包括文本、图片、链接、音乐、视频、游戏等的在线网络互动平台。如图片分享型媒体有美图秀秀、美颜相机、In、照片大头贴等；视频分享型媒体有美拍、土豆网、优酷网、酷 6 网、搜狐视频、爱奇艺、迅雷看看、腾讯视频、PPS、PPTV、乐视网、暴风影音、芒果 TV 等；音乐分享型媒体有酷狗、酷我、QQ 音乐、虾米音乐、天天动听等；游戏分享型媒体有 QQ 游戏、4399 小游戏、7k7k 小游戏、在线游戏、游戏多、游侠网等。

(2) 视频分享类社会化媒体

视频分享类社会化媒体是指在完善的技术平台支持下，让互联网用户在线流畅发布、浏览和分享视频作品的网络媒体，它的出现将社会化媒体的信息化类型扩展到多媒体时代。国内知名的视频网站有土豆网、优酷网、酷六网、搜狐视频、爱奇艺、迅雷看看、腾讯视频、PPS、乐视网、暴风影音、百度影音、快播，本书即将视频分享类媒体操作化为这些媒体（见表3-1）。

表3-1　视频分享类社会化媒体概念操作化

视频分享类社会化媒体	土豆网、优酷网、酷六网、搜狐视频、爱奇艺、迅雷看看、腾讯视频、PPS、乐视网、暴风影音、百度影音、快播、其他

3. 样本分布

样本在学历上的分布包括全国各地的中学生、高中生、大学生、研究生和非在校生；从地区上看，样本囊括我国东部、南部、西部、北部以及中东部地区；从在校生所在的学校来看，样本中包括了985高校、211高校、专科院校以及普通高等院校共20所。在性别、年龄等变量方面，存在以下分布：

(1) 在性别上的分布

有效样本中，男性共394人，占46.03%，女性共462人，占53.97%。

(2) 在年龄上的分布

在有效样本中，14—18岁的人数有20人，占总人数的2.34%，19—23岁的人数有440人，占总人数的51.40%，24—28的人数有396人，占总人数的46.26%。

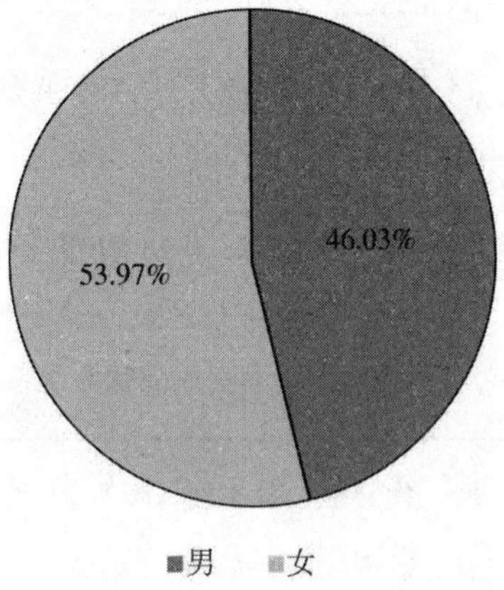

图 3－1 样本性别分布

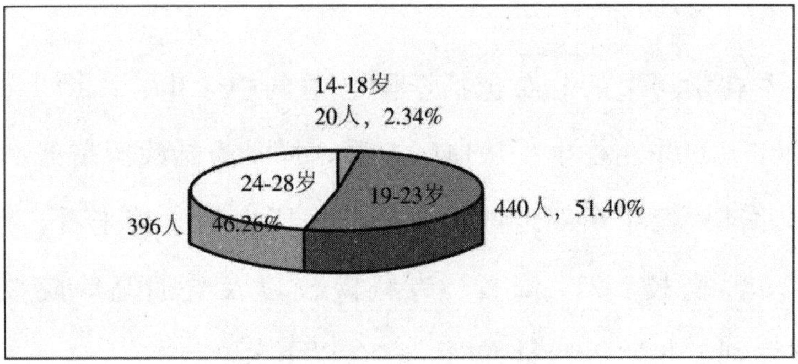

图 3－2 样本年龄分布

(3) 在在校状态上的分布

在有效样本中，目前是在校学生的有 654 人，占 76.40％，非在校生有 202 人，占 24.60％。

表 3－2　样本在校状态分布

是否是在校学生	人数
是	654（76.40%）
否	202（24.60%）

（4）在最高学历上的分布

在有效样本中，最高学历为初中及以下的有 14 人，最高学历为高中的有 58 人，最高学历为专科的有 162 人，最高学历为本科的有 612 人，最高学历为硕士及以上的有 10 人。

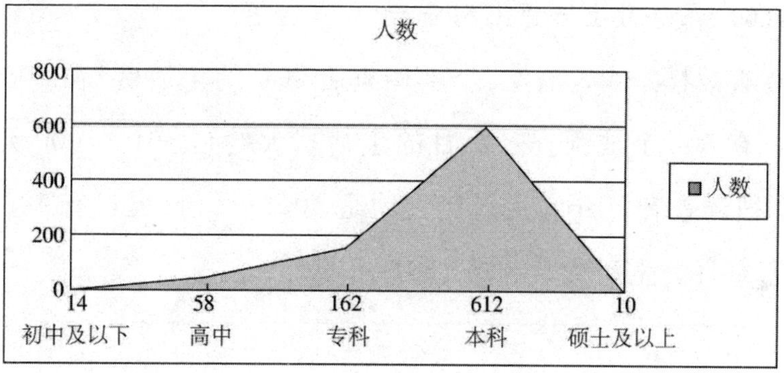

图 3－3　样本最高学历分布

（5）在每月使用的平均手机流量上的分布

在有效样本中，其所用手机每月平均流量在 100M 以下的占总人数的 68 人，占 7.94%；流量在 101－150M 之间的 86 人，占总人数的 10.05%；流量在 151－500M 之间的 445 人，占总人数的 51.99%；流量在 501M－1G 之间的 120 人，占总人数的 14.02%；流量在 1G 以上的 137 人，占总人数的 16.00%。

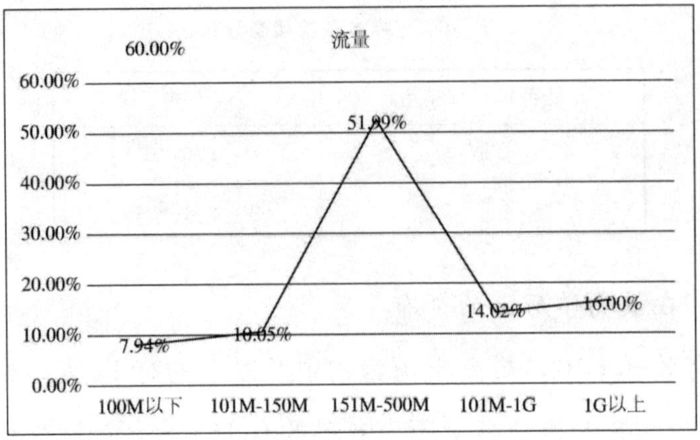

图 3－4　样本每月所用平均手机流量分布

（6）在每月生活费上的分布

在有效样本中，有 74 个被调查者每月的生活费①在 500 元及以下，有 502 个被调查者每月的生活费大约是 501—1000 元，有 174 个被调查者每月的生活费大约是 1001—1500 元，有 106 个被调查者每月的生活费大约是 1501 元以上。

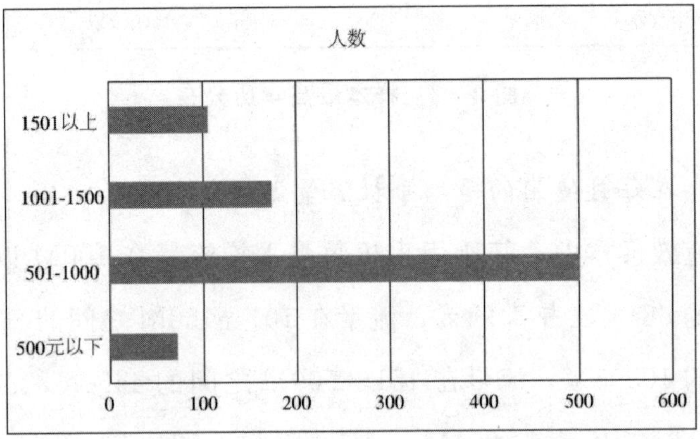

图 3－5　样本每月生活费分布

① 注：本次调查时，在问卷中特别注明了生活费用指用于生活消费的费用，不含学费与学习用品费用。

（7）在对自己性格的认知状况上的分布

在有效样本中，认为自己性格非常外向的有26人，认为自己性格比较外向的有222人，认为自己性格是中性的有492人，认为自己性格比较内向的有82人，认为自己性格非常内向的有34人，在有效样本中大部分人的性格是中性的，其次就是比较外向的。由下图可知：中性的人数是占多数的，其次就是性格比较外向的，再次是性格比较内向的，最后是性格非常外向和性格非常内向的，两者相差不多。

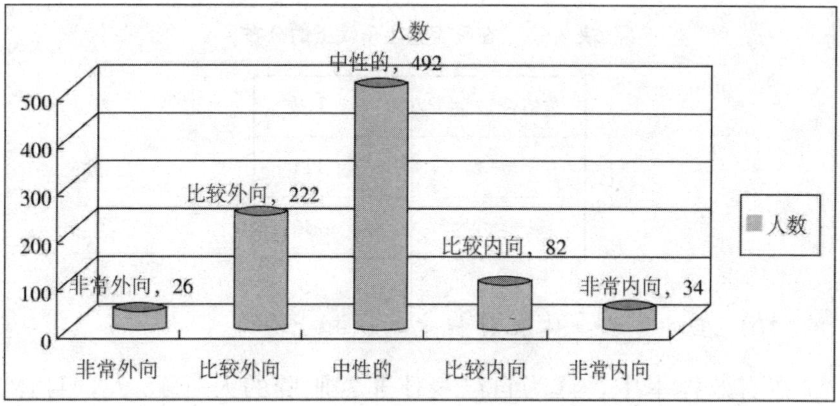

图3-6 样本在对自己性格的认知状况上的分布

（8）在校生样本在学习成绩状况上的分布

在654份在校生的有效样本中，学习成绩在班级前1/3的有296人，班级中间1/3的有260人，班级后1/3的有98人。

（9）在是否独生子女上的分布

在有效样本中，有114人是独生子女，有742人是非独生子女。

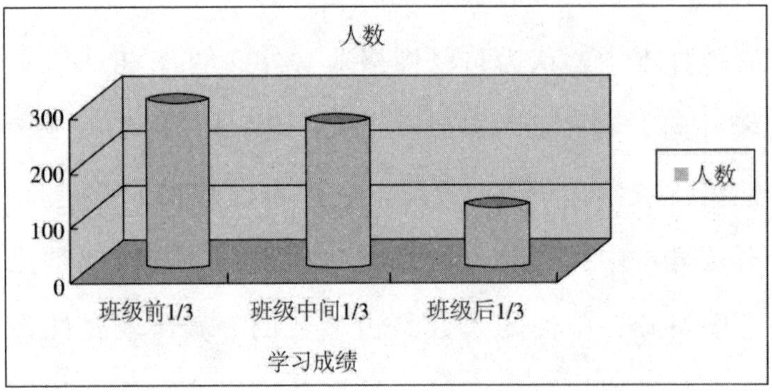

图 3-7　在校生样本在学习成绩状况上的分布

表 3-3　在是否独生子女上的分布

是否独生子女	人数
是	114
否	742

（10）在对自己身体肥胖程度的认知上分布

在有效样本中，认为自己身体非常肥胖的人有 18 人，身体比较肥胖的人有 26 人，身体有点肥胖的人有 196 人，身体肥胖适中的人有 454 人，身体偏瘦的人有 178 人，身体非常瘦的人有 22 人。

（11）在寂寞程度上的分布

在有效样本中，对于“您常感到寂寞”的同意程度，非常同意的有 16 人，比较同意的有 52 人，有点同意的有 372 人，不同意的有 394 人，非常不同意的有 22 人。

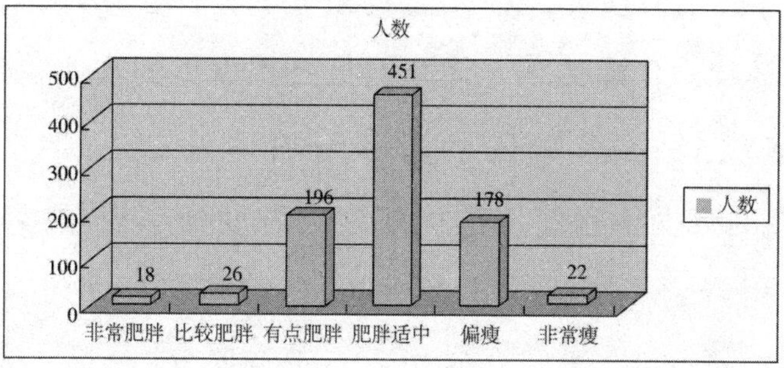

图 3－8 样本在对自己身体肥胖程度的认知上的分布

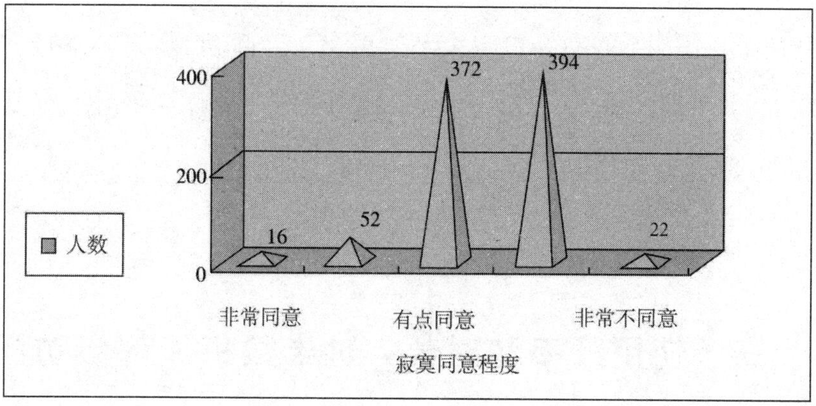

图 3－9 样本在寂寞程度上的分布

二、使用种类与人数：几乎覆盖所有青少年，优酷网和爱奇艺最受欢迎

调查显示，只有 4 人从未使用过任何视频分享类社会化媒体，实际使用过视频分享类社会化媒体的有 852 人，占 99.53%，也

就是说几乎所有青少年均使用过视频分享类社会化媒体。在众多视频分享类社会化媒体中，优酷网最受青少年的欢迎，在使用过视频分享类社会化媒体的青少年中，超过一半（474人，55.63%）的青少年有使用过优酷网观看或分享视频；其次是爱奇艺，使用者为464人，比例也超过一半（54.46%）；而后依次为暴风影音（392人，46.01%）、土豆网（374人，43.90%）使用过；腾讯视频（366人，42.96%）、搜狐视频（358人，42.02%）PPS（322人，37.79%）、迅雷看看（318人，37.32%）、乐视网（306人，35.92%）、百度影音（304人，35.68%）、快播（274人，32.16%）、酷六网（250人，29.34%）。

三、使用频率和时长：过半数每天都会访问，近半数每次平均时长1—2小时

1. 使用频率

调查表明，青少年使用视频分享类社会化媒体的频率是较为频繁的，结果显示，超过一半的青少年（492人，占有效样本的57.48%）"基本每天都会访问至少1次"视频分享类社会化媒体，每2—3天会访问1次的有238人，占27.80%；两者合计达到八成以上（85.28%）；每4—5天会访问1次的有86人，6—7天访

问 1 次的有 12 人，超过 7 天以上才会访问 1 次的有 28 人（如图 3 -10）。

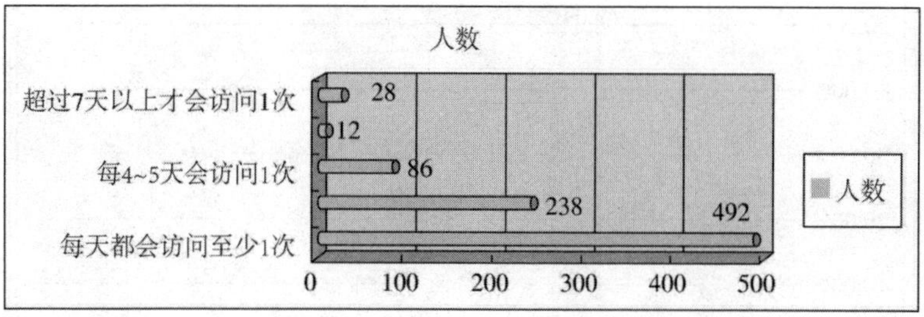

图 3-10　视频分享媒体的使用频率统计分析

2. **使用时长**

"1—2 小时"是青少年每次使用视频分享类社会化媒体平均时长的众数值，在受调查的青少年当中，有将近一半（420 人，占有效样本数的 49.09%）的青少年每次使用视频分享类社会化媒体的平均时长为 1—2 小时；而后依次为 1 小时以下（有 194 人，占有效样本的 22.66%）、2—3 小时（186 人，21.72%）、3—4 小时（32 人，3.73%）、4 小时以上（24 人，2.80%）（如图 3-11）。

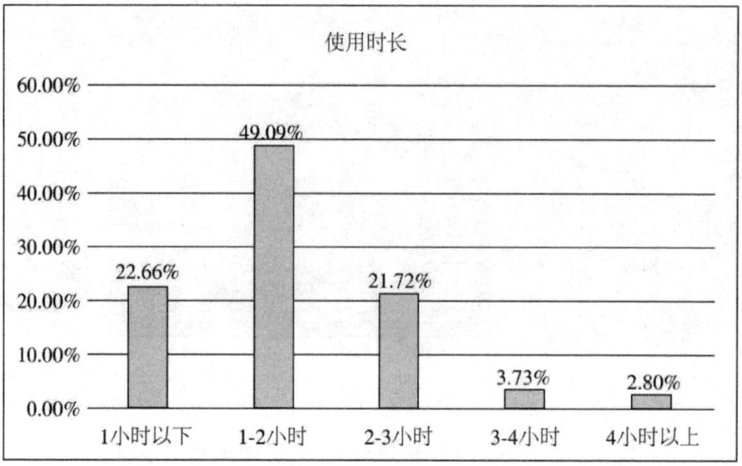

图 3－11　每次使用视频分享类社会化媒体的平均时长

四、人口背景与使用频率的关系：性别、年龄、是否在校生、学历均无影响

1. 性别与使用频率

性别与视频分享类社会化媒体使用频率的相关程度为－0.212，P（0.05）＜0.062（见表 3－4），性别与视频分享类社会化媒体使用频率之间没有显著性相关关系。

表 3-4 性别与视频分享类社会化媒体使用频率相关系数表

			性别（t1）	您使用视频类媒体的频率是（t19）
Spearman 的 rho	性别（t1）	相关系数	1.000	-.212
		Sig.（单侧）	.	.062
		N	856	856
	您使用视频类媒体的频率是（t19）	相关系数	-.212	1.000
		Sig.（单侧）	.062	.
		N	856	856

2. 年龄与使用频率

年龄与视频分享类社会化媒体使用频率的相关程度为－0.15，P（0.05）<0.14（见表 3-5），年龄与视频分享类社会化媒体使用频率之间也没有显著相关性。

表 3-5　年龄与视频分享类社会化媒体使用频率相关系数表

			年龄（t2，岁）	您使用视频类媒体的频率是（t19）
Spearman 的 rho	年龄（t2，岁）	相关系数	1.000	-.150
		Sig.（单侧）	.	.140
		N	856	856
	您使用视频类媒体的频率是（t19）	相关系数	-.150	1.000
		Sig.（单侧）	.140	.
		N	856	856

3. 是否在校生与使用频率

是否在校生与视频分享类社会化媒体使用频率的相关程度－0.217，P（0.05）＜0.058（表 3-6），是否是在校生与视频分享类社会化媒体使用频率之间依然没有显著的关系。

表 3-6 是否在校生与视频分享类社会化媒体使用频率交叉表

			目前是在校学生（t3）	您使用视频类媒体的频率是（t19）
Spearman 的 rho	目前是在校学生（t3）	相关系数	1.000	-.217
		Sig.（单侧）	.	.058
		N	856	856
	您使用视频类媒体的频率是（t19）	相关系数	-.217	1.000
		Sig.（单侧）	.058	.
		N	856	856

4. 学历与使用频率

学历与视频分享类社会化媒体使用频率的相关程度为 0.062，P（0.05）<0.327（见表 3-7），学历与视频分享类社会化媒体使用频率之间同样没有显著相关性。

表 3-7　学历与视频分享类社会化媒体使用频率相关系数表

			您目前最高学历（t4）	您使用视频类媒体的频率是（t19）
Spearman 的 rho	您目前最高学历（t4）	相关系数	1.000	.062
		Sig.（单侧）	.	.327
		N	856	856
	您使用视频类媒体的频率是（t19）	相关系数	.062	1.000
		Sig.（单侧）	.327	.
		N	856	856

五、感兴趣的视频类型：热衷休闲，关注突发事件

我们要求受访者限选三项“感兴趣的视频类型”进行调查，结果显示（见表 3-8），占据使用过视频分享类社会化媒体的青少年“感兴趣的视频”前三位的均是休闲类视频，分别为影视剧（476 人，55.87%）、综艺类视频（468 人，54.93%），搞笑类视频（408 人，47.89%）。可见视频类社会化媒体吸引青少年的最主要机制就是它的休闲娱乐功能。这里需要引起重视的是，我们的调查已表明，视频分享类社会化媒体已成为青少年观看影视剧的主要平台，相对于传统电视媒体而言，视频分享类社会化媒体

平台上的影视剧更为“鱼龙混杂”，影视剧主题和内容“良莠不齐”，更有相当多以暴力和色情内容为噱头的各类系列的欧美的、日韩的“深夜剧”吸引着大量的青少年观看与传播。同时，我们的调查也发现分别有372人（43.66%）和324人（38.03%）“社会突发事件类视频”和“时政类新闻视频”感兴趣，这一点也必须引起重视，尤其是青少年通过视频分享类社会化媒体对社会突发事件的关注更应引起我们的重视，因为一方面它表明了青少年渴望通过视频分享类社会化媒体的真实图景（所谓“有图有真相”）获知社会突发事件的真相及其进展；另一方面社会突发事件通过视频分享类社会化媒体传播时更容易激起是青少年的情绪反应，且一旦视频内容通过“移花接木”的方式进行谣传，将可能导致青少年对谣言信以为真，从而更容易引起青少年非理性情绪的扩散，发生网络群体性事件。另外，对学习类视频感兴趣的有262人，占30.75%的比例，对他人隐私性类视频感兴趣的有16人，占1.88%的比例。

表3-8　感兴趣的视频类型

视频类型	人数	百分比
时政类新闻视频	324	38.03%
社会突发事件视频	372	43.66%
学习类视频	262	30.75%
搞笑类视频	408	47.89%
综艺类视频	468	54.93%
他人隐私性类视频	16	1.88%

影视剧	476	55.87%
其他	22	2.58%
N=852		

同时，我们要求受访者仅限选一项“最感兴趣的视频类型”进行调查，结果显示，选择“综艺类视频”的青少年最多，达到382人，占使用者的44.84%；其次是影视剧370人，占43.43%；而后是搞笑类视频（38人，4.46%）、社会突发事件类视频（26人，3.05%）、时政类新闻视频（22人，2.58%）、学习类视频（8人）、他人隐私性类视频（4人）、其他（2人）（见表3-9）。

表3-9 最感兴趣的视频类类型

时政类新闻视频	22	2.58%
社会突发事件视频	26	3.03%
学习类视频	8	0.94%
搞笑类视频	38	4.46%
综艺类视频	382	44.84%
他人隐私性类视频	4	0.47%
影视剧	370	43.43%
其他（请注明）________	2	0.23%
N=852		

六、人口背景与兴趣之间的关系：性别、学历有差异，年龄无影响

1. 性别与兴趣差异

性别与最感兴趣视频类媒体的相关程度是 0.227，P（0.05）>0.049（见表 3－10），性别与最感兴趣视频类媒体之间存在显著性相关关系。相对于女生，男生对纯属搞笑类视频更感兴趣，而相对于男生，女生对影视剧类视频更感兴趣，这或许是因为近年来流行的一些如《来自星星的你》等青春偶像剧、《甄嬛传》等宫廷剧、《欢乐颂》等职场剧更能吸引女性青少年的热情。

表 3－10　性别（t1）＊ 您最感兴趣的视频是（t16）交叉表

		您最感兴趣的视频是（t16）								
		时政类新闻视频	社会突发事件视频	学习类视频	纯属搞笑类视频	综艺文体类视频	影视剧	他人隐私性类视频	其他	合计
性别（t1）	男	12	14	2	22	190	164	4	2	410
	女	10	12	6	16	192	206	0	0	442
合计	22	26	8	38	382	370	4	2	852	

Pearson 相关性 0.227

显著性（单侧）0.049

2. 年龄与兴趣差异

年龄与最感兴趣视频类媒体的相关程度是 0.026，P（0.05）<0.426（见表 3－11），年龄与最感兴趣视频类媒体之间没有显著性相关关系。

表 3－11　年龄与最感兴趣视频类媒体的相关系数表

		年龄（t2，岁）	您最感兴趣的视频是（t16）
年龄（t2，岁）	Pearson 相关性	1	.026
	显著性（单侧）		.426
	N	856	856
您最感兴趣的视频是（t16）	Pearson 相关性	.026	1
	显著性（单侧）	.426	
	N	852	852

3. 学历与兴趣差异

学历与最感兴趣视频类媒体的相关程度是 0.232，由于 P（0.05）>0.046（见表 3－12），学历与最感兴趣视频类媒体之间存在显著性相关关系。

表 3-12　学历与最感兴趣的视频类型相关系数表

		您目前最高学历（t4）	您最感兴趣的视频是（t16）
您目前最高学历（t4）	Pearson 相关性	1	.232*
	显著性（单侧）		.046
	N	852	852
您最感兴趣的视频是（t16）	Pearson 相关性	.232*	1
	显著性（单侧）	.046	
	N	852	852

数据表明，初中及以下学历的青少年更多地对“综艺文体类视频”最感兴趣，高中或中专学历的青少年相对更多地对“纯搞笑类视频”最感兴趣；大专和本科学历的青少年更多地对影视剧最感兴趣；具有硕士及以上的青少年更多地对“社会突发事件”最感兴趣。这表明，随着青少年具有的最高学历逐步提高，其最感兴趣的视频呈现出从“纯图娱乐”到“故事吸引”（影视类视频的吸引因素）再到“关注社会”的趋势。

表 3－13　最高学历与最感兴趣的视频类型交叉表（单位：%）

最感兴趣的视频类型	最高学历				
	初中及以下	高中或中专	大专	本科	硕士及以上
时政类新闻视频	0.21	5.00	0.96	1.04	4.44
社会突发事件视频	2.12	7.50	2.88	2.08	8.89
学习类视频	0.21	2.50	0.96	1.56	4.44
纯属搞笑类视频	8.51	10.0	3.85	1.56	4.44
综艺文体类视频	72.34	32.5	37.50	44.79	44.44
影视剧	17.02	42.5	53.85	48.96	26.67
他人隐私性类视频	0	0	0	0	4.44
其他	0	0	0	0	2.22
合计	100	100	100	100	100

七、使用视频类社会化媒体对青少年的影响

1. 影响的自我认知

在使用过视频分享类社会化媒体的青少年中，超过九成的青少年（772 人，占 90.61%）认为使用这类媒体对自己有影响，只有

80 人（9.39%）的青少年认为对自己没有影响的有（见表 3-14）。

表 3-14 认为使用视频分享类社会化媒体是否对自己有影响

	人数	比例
有影响	772	90.61%
没有影响	80	9.39%
N=852		

2. 心理

我们的调查显示，共有超四成（352 人，占有效样本的 41.12%）的青少年对视频分享类社会化媒体产生了不同程度的依赖性，即长时间（3 天及以上）不使用视频分享类社会化媒体会有不同程度的失落感。其中，对于“长时间不访问视频类媒体会有一种失落感”的同意程度“非常同意”的有 16 人（1.87%），“比较同意”的有 84 人（9.81%），“有点同意”的有 252 人（29.44%）。另外，不同意的有 336 人（39.25%），非常不同意的有 168 人（19.63%）（如图 3-12）。

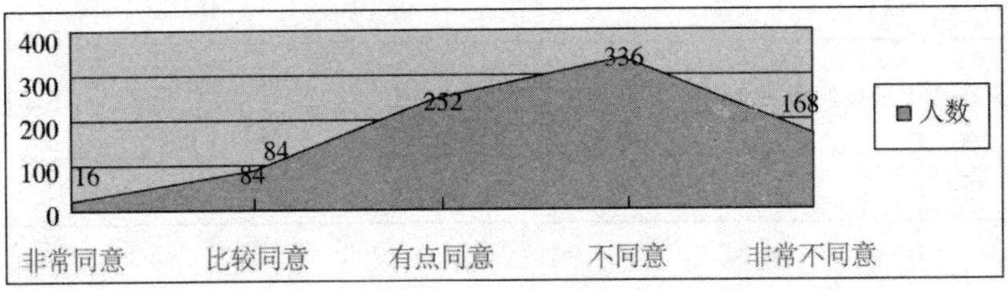

图 3-12 “您长时间（3 天及以上）不访问视频分享类社会化媒体会有一种失落感”的同意程度

调查还显示，有两成（182，21.36%）的使用者在使用视频类媒体后承认自己“睡眠变少了”。在夜间 11 点后“经常使用”视频分享类社会化媒体的青少年有 146 人，占 17.14%；“有时使用”的有 274 人，占 32.16%；“比较少”使用的有 394 人，占 46.24%；从不使用视频类媒体的青少年仅有 38 人，占 4.46%（见表 3－16）。

调查发现，访问视频分享类社会化媒体成为一些青少年睡前“必修课”。“在躺在床上准备睡觉的时候”经常使用视频类媒体的青少年达到 274 人，占有效样本总量的 32.01%，占使用过视频分享类社会化媒体的青少年数量的 32.16%；有时使用视频类媒体的青少年有 342 人，占使用者的 40.14%；比较少使用视频类媒体的青少年有 180 人，占 21.13%，从不使用视频类媒体的青少年仅有 56 人，占 6.57%（见表 3－15）。

表 3－15　用视频分享类社会化媒体后的睡眠变化及某特定时刻使用频率

使用视频分享类社会化媒体后的变化	睡眠少了	182 人	21.36%	
在下列时刻使用视频分享类社会化媒体的频率	经常	有时	比较少	从不
夜间 11 点以后	17.14%	32.16%	46.24%	4.46%
在躺在床上准备睡觉的时候	32.16%	40.14%	21.13%	6.57%
N＝852				

调查还显示，认为自己在使用了视频分享类社会化媒体后，对“异性的身体产生了更大兴趣”的有 42 人，占使用过视频分享

类社会化媒体的青少年总数的 4.93%；“更具有性冲动”的有 27 人，占 3.17%；“更具有暴力倾向”的有 21 人，占 2.46%（见表 3－16）。

表 3－16　使用视频分享类社会化媒体后发生的变化

对异性的身体产生了更大兴趣	42	4.93%
更具有性冲动	27	3.17%
更具有暴力倾向	21	2.46%
N＝852		

3. 行为

调查显示，在使用过视频类社会化媒体的青少年当中，共有近九成（762 人，89.44%）的青少年“在学习或工作时间”不同程度地使用过视频分享类社会化媒体，其中“经常使用”的就超过两成（197 人，23.12%）；“有时使用”的超过三成（274 人，32.16%），“比较少使用”的 291 人，占 34.15%；“从不使用”的仅 90 人，占 10.56%（见表 3－17）。

调查发现，在等待（如等待吃饭、排队等）时间经常使用视频类媒体的有 128 人，占青少年使用者的 15.02%，有时使用视频类媒体的 300 人，占 35.21%，比较少使用的 257 人，占 30.16%，从不使用的 163 人，占 19.13%（见表 3－17）。

表 3-17　某特定时刻青少年使用视频分享类社会化媒体的频率

	经常	有时	比较少	从不
在学习或工作时间	23.12%	32.16%	34.15%	10.56%
在等待（如等待吃饭、排队等）时间	15.02%	35.21%	30.16%	19.13%
N=852				

数据还显示，有超过三成的青少年（291 人，34.15%）使用者曾因使用这类媒体观看或传播视频而“经常”逃课；有时逃课的有 86 人，占 10.09%；很少逃课的有 128 人，占 15.02%；从未逃课的有 347 人，占 40.73%（见表 3-18）。

表 3-18　使用视频分享类社会化媒体相关行为出现的频率

行为	经常	有时	很少	从不
因为使用这类媒体而逃课	34.15%	10.09%	15.02%	40.73%
浏览过暴力内容	21.28%	22.07%	34.15%	22.65%
浏览过色情内容	26.17%	1.086%	26.17%	31.57%
M=852				

另外，有超两成（180 人，21.28%）的青少年使用者“经常”浏览暴力内容视频；而“经常”浏览含色情内容的视频的青少年使用者近三成（223 人，26.17%）。有时浏览和很少浏览暴力内容的分别为 188 人，占 22.07% 和 291 人，占 34.15%，从不浏览的有 193 人，占 22.65%；有时和很少浏

览色情内容的有 137 人，占 16.08%和 223 人，占 26.17，从不浏览的有 269，占 31.57%（见表 3-18）。

4. **社交**

调查显示，使用视频分享类社会化媒体对于青少年在现实生活中的面对面的交往产生了一定的影响，比如，与朋友一起面对面聚会的时候，还经常使用视频分享类社会化媒体的青少年有 68 人，占青少年使用者的 7.98%；有时使用的青少年人有 214 人，占 25.12%；较少使用的有 300 人，占 35.21%；从不使用的有 274 人，占 32.16%。另外，有 126 名青少年（占青少年使用者的 14.79%）觉得自己在使用视频类媒体后，更接受一个人独处了（见表 3-19）。

表 3-19　在社交面使用视频类媒体的统计分析

	经常	有时	比较少	从不
与朋友一起聚会的时候使用视频分享类社会化媒体的频率	7.98%	25.12%	35.21%	32.16%
	人数		比例	
使用视频分享类社会化媒体后“更接受一个人独处了”	126 人		14.79%	

5. 其他

使用视频类媒体的频率与身体肥胖程度的相关程度是0.126，与对政府的信任度与相关程度是0.025，与学习成绩相关程度是0.049；对应P值分别为0.183、0.428和0.361，均大于0.05，所以我们认为，使用视频分享类社会化媒体的频率与身体肥胖、对政府的信任程度和学习成绩之间均没有显著性相关关系，即使用分享类社会化媒体对并没有对身体肥胖程度、对政府的信任度、学习成绩等产生显著影响（见表3-20）。

使用视频类媒体的频率与性格外向程度的相关程度是0.076，与寂寞感的相关程度0.116；对应P值分别为0.292和0.201，均大于0.05，所以我们认为，使用视频类媒体的频率与性格外向程度及常感到寂寞的程度之间均没有显著性相关关系，即使用视频分享类社会化媒体也没有对性格外向程度以及寂寞感产生显著影响（见表3-21）。

表 3-20　使用视频类媒体频率与身体肥胖、对政府的信任程度、学习成绩相关系数表

			您的身体肥胖程度（t5）	您对政府的信任程度（t6）	您的学习成绩（t7）	您使用视频类媒体的频率是（t19）
Spearman 的 rho	您的身体肥胖程度（t5）	相关系数	1.000	－.178	.225	.126
		Sig.（单侧）	.	.099	.051	.183
		N	852	852	852	852
	您对政府的信任程度（t6）	相关系数	－.178	1.000	－.090	.025
		Sig.（单侧）	.099	.	.259	.428
		N	852	852	852	852
	您的学习成绩（t7）	相关系数	.225	－.090	1.000	.049
		Sig.（单侧）	.051	.259	.	.361
		N	852	852	852	852
	您使用视频类媒体的频率是（t19）	相关系数	.126	.025	.049	1.000
		Sig.（单侧）	.183	.428	.361	.
		N	852	852	852	852

表 3-21 使用频率与性格、寂寞感的相关系数表

			您的性格是（t11）	对于“您常感到寂寞”的同意程度（t12）	您使用视频类媒体的频率是（t19）
Spearman 的 rho	您的性格是（t11）	相关系数	1.000	−.095	.076
		Sig.（单侧）	.	.248	.292
		N	852	852	852
	对于“您常感到寂寞”的同意程度（t12）	相关系数	−.095	1.000	.116
		Sig.（单侧）	.248	.	.201
		N	852	852	852
	您使用视频类媒体的频率是（t19）	相关系数	.076	.116	1.000
		Sig.（单侧）	.292	.201	.
		N	852	852	856

八、小结

通过以上分析，本章的一些重要研究发现有：（1）视频分享类社会化媒体几乎覆盖了所有青少年，而在众多视频分享类社会化媒体中最受欢迎的是优酷网，有超过一半（55.63%）的青少年有使用过优酷网观看或分享视频；其次是爱奇艺，使用比例也超

过一半（54.46%）。(2) 超过一半的青少年（57.48%）“基本每天都会访问至少 1 次”视频分享类社会化媒体，近一半（49.09%）的青少年每次使用视频分享类社会化媒体的平均时长为 1—2 小时。(3) 青少年的性别、年龄、是否在校生、学历与使用频率与均无显著的相关性。(4) 青少年热衷于休闲类视频类型，且关注突发事件。对于休闲类视频排前三位分别是影视剧（55.87%）、综艺类视频（54.93%），搞笑类视频（47.89%）。需要引起重视的是，视频分享类社会化媒体已成为青少年观看影视剧的主要平台，相对于传统电视媒体而言，视频分享类社会化媒体平台上的影视剧更为“鱼龙混杂”，影视剧主题和内容“良莠不齐”，更有相当多以暴力和色情内容为噱头的各类系列的欧美的、日韩的“深夜剧”吸引着大量的青少年观看与传播。同时，我们的调查也发现分别有超四成（43.66%）和近四成（38.03%）的青少年对“社会突发事件类视频”和“时政类新闻视频”感兴趣，这一点也必须引起重视，尤其是青少年通过视频分享类社会化媒体对社会突发事件的关注更应引起我们的重视，因为一方面它表明了青少年渴望通过视频分享类社会化媒体的真实图景获知社会突发事件的真相及其进展；另一方面社会突发事件通过视频分享类社会化媒体传播时更容易激起是青少年的情绪反应，且一旦视频内容通过“移花接木”的方式进行谣传，将可能导致青少年对谣言信以为真，从而更容易引起青少年非理性情绪的扩散，诱发网络群体性事件。(5) 青少年的性别、学历对于感兴趣的视频类型有显著影响，而年龄对于感兴趣的视频类型无显著影响。男性青少年对综艺类视频更感兴趣，女生青少年对影视剧类视频更感兴趣。随着青少年具有的最高学历逐步提高，其最感兴趣的视频呈现出从“纯图娱乐”到“故事吸引”再到“关注社会”的趋势。(6) 在行为影响方面，近九成使用者在学习或工作时间访问过此类媒体，超三成使用者“经常”逃课观看视频，分别有超两成和近三成的青少年使用者“经常”浏览暴力内容和色情内容。在心理影响方面，超四成的青少年有不同程度的依赖性，超两成青少年睡眠减少，超三成青少年将访问该类媒体当成睡前“必修课”，少数青少年因使用该类媒体更具暴力倾向和性冲动。对青少年在现实生活中的面对面的交往影响方面，有超三成（33.10％）的青少年与朋友一起面对面聚会的时候还经常或有时使用视频分享类社会化媒体，有 14.79％的青少年使用者觉得自己在使用视频类媒体后，更接受一个人独处了；研究还发现，视频类社会化媒体的使用对青少年的身体肥胖程度、对政府的信任度、学习成绩、性格、寂寞感均无显著影响。

第四章　青少年使用即时通讯类社会化媒体调查

即时通讯类社会化媒体，是指以计算机网络原理为指导，结合当前网络中的一些常用技术，集交流、资讯、娱乐、搜索、电子商务、办公协作和企业客户服务等为一体的综合化信息平台。即时通讯类媒体是目前国内互联网上最为流行的通讯方式之一，这种类型的软件千式百样、层出不穷，且其服务功能也随着技术的发展而越来越丰富。目前国内的用户数量已经超过6亿，其中青少年占其主要成分。本章主要以微信为例，通过对1248名青少年的调查研究，试图描绘出青少年使用即时通讯媒体的基本概况，探讨使用即时通讯媒体对青少年的交往、身体、生活、心理、行为等方面的影响及其人口统计学差异。

在呈现出青少年使用微信的基本概况的基础上，我们研究发现经常使用者更易肥胖；使用微信确实对青少年的学习产生了不利影响；性格外向程度与使用频率呈反向关系；寂寞程度与使用频率呈正向关系；超过一半的青少年长时间不访问微信会有不同程度的失落感，并在一些特定时间里不可控制地或习惯地访问微信。

一、调查实施

本章运用问卷调查研究方法，采取的是非概率抽样，但综合考虑了样本的代表性。分别在东部、西部、南部、北部、中部选择具有代表性的上海、重庆、昆明、长春、芜湖等五地，每地委托3—5名人员成立调查小组，在尽量保证不同人口背景变量在样本的分布上均具有一定比例的基础上发放纸制自填式问卷300份，五地共发放1500份，回收问卷1283份，其中有效问卷1248份，有效回收率83.2%。

二、样本分布

1. 基本特征分布

有效样本含男性604人，女性为644人。

年龄段主要集中在19—23周岁，有640人；24—28周岁396人；14—18周岁212人。

在校生1008人，非在校生240人。

最高学历以本科为主，有556人，其次为大专296人，而后依次是高中或中专280人，硕士及以上68人，初中及以下48人。

有效样本中，认为自己的性格是中性的最多，有464人，其次是比较内向的440人，而后依次为比较外向的284人，非常内向的48人，非常外向的12人（见表4-1）。

表4-1 样本在基本特征上的分布

		频数	百分比
性别	男性	604	48.4%
	女性	644	51.6%
年龄段（周岁）	14—18	212	16.99%
	19—23	640	51.28%
	24—28	396	31.73%
是否在校生	是	1008	80.77%
	否	240	19.23%
最高学历	初中及以下	48	3.85%
	高中或中专	280	22.44%
	大专	296	23.72%
	本科	556	44.55%
	硕士及以上	68	5.45%
性格	非常外向	12	0.96%
	比较外向	284	22.76%
	中性的	464	37.18%
	比较内向	440	35.26%
	非常内向	48	3.85%

2. 学习成绩

有效样本学习成绩位于班级中间 1/3 的最多，有 644 人（51.6%），位于班级前 1/3 的有 208 人（16.67%），位于班级后 1/3 的有 164 人（13.14%）；另外有非在校生 232 人（18.59%）（见表 4－2）。

表 4－2 样本在学习成绩上的分布

选项	人数	比例
班级前 1/3	208	16.67%
班级中间 1/3	644	51.6%
班级后 1/3	164	13.14%
非在校学生	232	18.59%

3. 寂寞感

有效样本中，“常感到寂寞”有点同意的受访者最多，共有 576 人，占 46.15%；比较同意的次之，有 364 人，占 29.17%；非常同意的有 8 人（0.64%）；不同意和非常不同意的分别有 272 人（21.79%）和 28 人（2.24%）（见表 4－3）。

表 4-3 样本在寂寞程度上的分布

选项	频数	比例
非常同意	8	0.64%
比较同意	364	29.17%
有点同意	576	46.15%
不同意	272	21.79%
非常不同意	28	2.24%

4. 肥胖程度

有效样本中，认为自己有点肥胖、肥瘦适中和偏瘦的分别为380人（30.45%）、460人（36.86%）和316人（25.32%）；认为自己非常肥胖和很瘦的分别占8人（0.64%）和12人（0.96%）（见表4-4）。

表 4-4 认为自己身体的肥胖程度

选项	人数	比例
非常肥胖	8	0.64%
比较肥胖	72	5.77%
有点肥胖	380	30.45%
肥瘦适中	460	36.86%
偏瘦	316	25.32%
很瘦	12	0.96%

三、青少年使用微信的基本情况

1. 使用人数和频率：几乎都用，超三成使用者全天在线，半数每天都会登录

调查显示，青少年几乎（97.44%）都使用微信，经常使用的约四成，偶尔使用的近六成，不使用的仅占2.56%（见表4-5）。

表4-5　是否使用微信

选项	人数	比例
是	1216	97.44%
否	32	2.56%

超过三成（372人，30.59%）的青少年使用者保持24小时在线，每天登陆至少一次的608人（50%），每2—3天登录一次、4—7天登录一次和7天以上登录1次的分别为172人（14.14%）、52人（4.28%）、12人（0.99%）（如图4-1）。

在学习或工作时间经常使用和有时使用的比例分别达8.22%和68.42%，在夜间十一点以后经常使用和有时使用的比例分别达4.93%和55.92%，在等待时间经常使用和有时使用的比例分别达6.91%和30.92%，躺在床上准备睡觉的时候经常使用和有

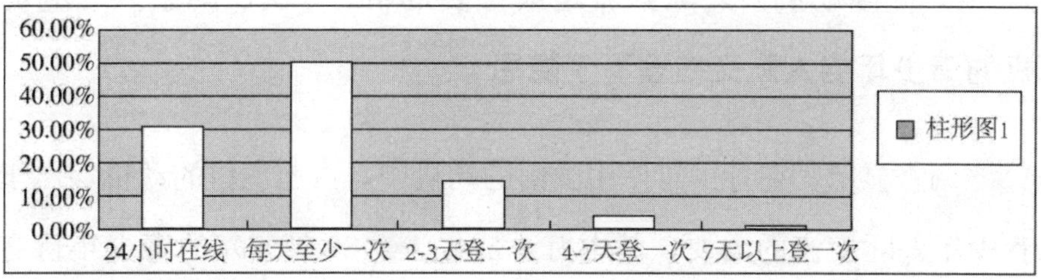

图 4－1　使用微信频率

时使用的比例分别达 6.58％和 29.93％，与朋友一起聚会的时候经常使用和有时使用的比例分别为 1.97％和 32.89％。

表 4－6　青少年特定时间使用微信频率

	经常	有时	比较少	从不
在学习（在校生）或工作（非在校生）时间	100（8.22％）	832（68.42％）	236（19.41％）	48（3.95％）
夜间 11 点以后	60（4.93％）	680（55.92％）	404（33.22％）	72（5.92％）
在等待（如等待吃饭、排队等）时间	84（6.91％）	376（30.92％）	720（59.21％）	36（2.96％）
在躺在床上准备睡觉的时候	80（6.58％）	364（29.93％）	708（58.22％）	64（5.26％）
与朋友一起聚会的时候	24（1.97％）	400（32.89％）	676（55.59％）	116（9.54％）

2. 使用动机：人际交流是最主要动机，“认识陌生人”的动机为青少年的人际交往埋下了隐患

调查显示，在青少年使用微信的动机中，占前三位的动机均出于青少年人际交流的需要，其中有八成以上（80.92%）的青少年持有交流培养感情的动机，75%的青少年持有关注熟人和朋友动态的动机，65.46%的青少年持有认识陌生人的动机（如图 4－2）。这里要引起重视的是有超过六成的青少年使用微信持有结识陌生人的动机，微信平台带有“查找附近的人”“摇一摇”等功能，可以以快捷迅速的方式结识并约见陌生人，这种新鲜刺激的交往模式对青少年具有极大的吸引力，一方面可以扩大青少年的交际圈，另一方面也为青少年的人际交往带来巨大的隐患，对于此问题，我们专门成立了一个调查组进行了调查研究，本书的第六章将做专门探讨，此处暂不赘述。

3. 关注的话题：最为关注社会突发事件须引起高度重视

在青少年关注的话题中，占前四位的分别是社会突发事件（80.26%），娱乐信息（66.78%），养生、医疗健康信息（41.78%），时政新闻（39.47%）（如图 4－3）。这里我们必须引起重视的是，社会突发事件已经成为青少年在微信平台里最为关注的话题，青少年通过微信的新闻推送和朋友圈转发等功能对社会突发事件的关注和讨论，使微信平台搭建的青少年虚拟社区容易成为社会突发事件的谣言扩散场、青少年非理性情绪的积聚和暴发地以及网络群体性事件的动员区。

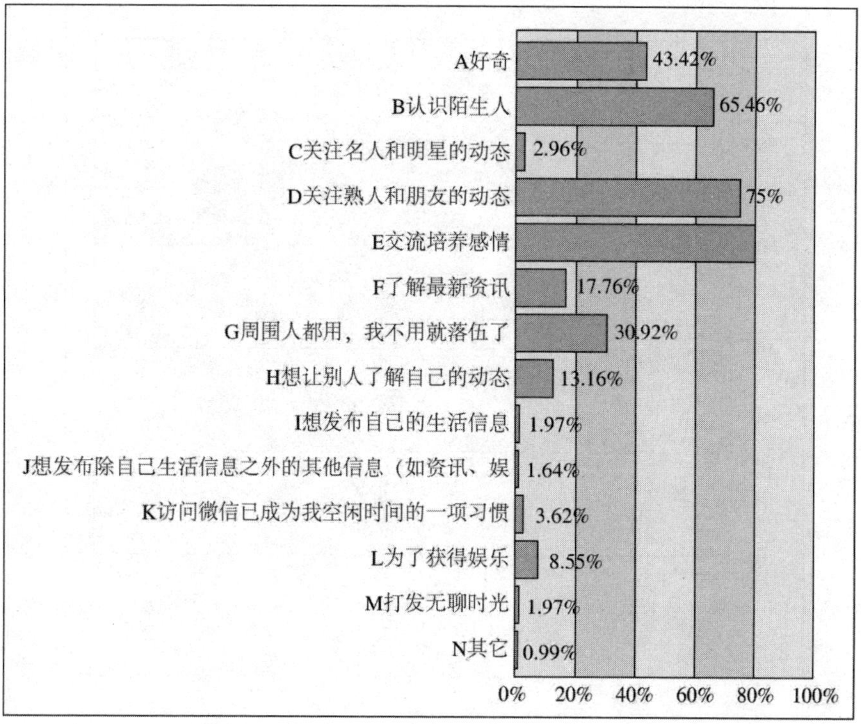

图 4-2　青少年使用微信动机的人数比例

四、青少年使用微信情况的人口统计学差异

1. 性别差异

（1）性别与使用频率：女性青少年略高于男性青少年

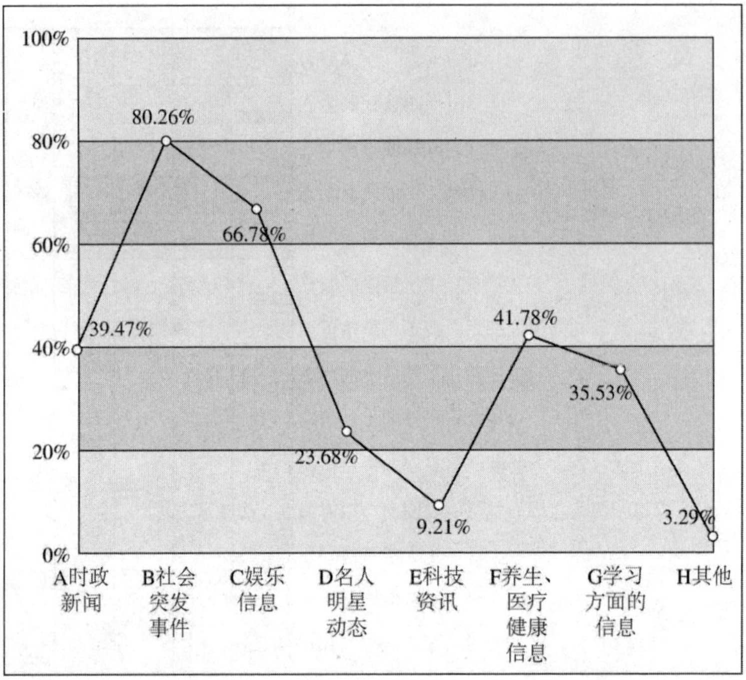

图 4－3　青少年使用微信时关注的话题

调查显示（如图 4－4），女性青少年使用微信的频率略高于男性。男性青少年基本每天 24 小时在线的比例为 28.48％，基本每天登陆至少一次的为 47.02％；而女性青少年对应的比例分别为 31.06％和 50.31％。

（2）性别与使用动机：前三位的动机排序一致，但女性青少年略高于男性青少年

调查显示（如图 4－5），男女青少年使用动机前三位均是交流培养感情、关注熟人动态和认识陌生人，但女性青少年持此三方面动机人数比例均略多于男性青少年；而男性青少年在“不用就落伍”、“了解新闻资讯”等动机上多于女性青少年。

（3）性别与关注的话题：女性更关注娱乐性话题和学习方面

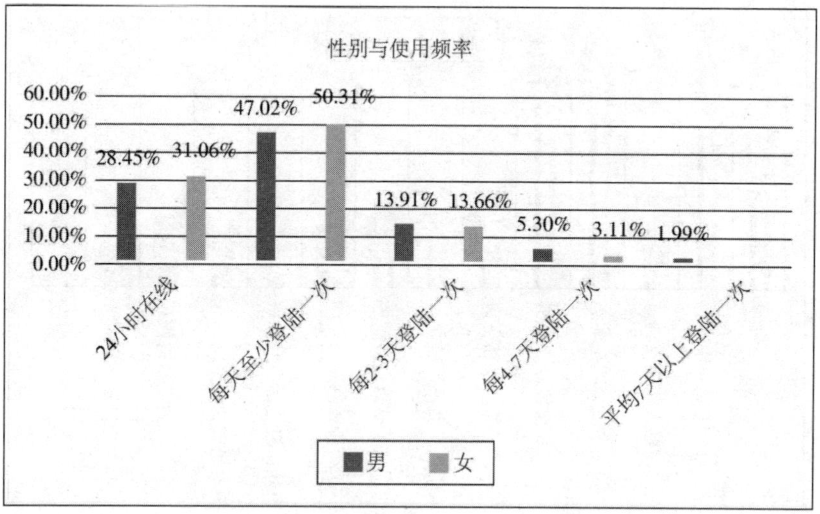

图 4－4 性别与使用频率

的信息；男性更关注社会突发事件类、时政新闻类和科技资讯类话题

调查显示（见表 4－7），男性青少年关注的话题前三位分别是社会突发事件（82.8%）、娱乐信息（56.95%）、时政新闻（51.66%）；女性青少年关注的话题前三位分别是社会突发事件（73.9%）、娱乐信息（72.67%）、学习方面信息（45.3%）。对比性别与关注的话题可以发现：虽然无论男性青少年还是女性青少年，他们最为关注的话题前两位均是社会突发事件和娱乐信息，但男性青少年关注社会突发事件的比例略高于女性青少年，而女性青少年娱乐性动机明显高于男性青少年；男性青少年关注时政新闻和科技资讯类的话题明显多于女性青少年，而女性青少年关注学习方面的信息明显多于男性青少年，这基本符合中国长期形成的性别文化。

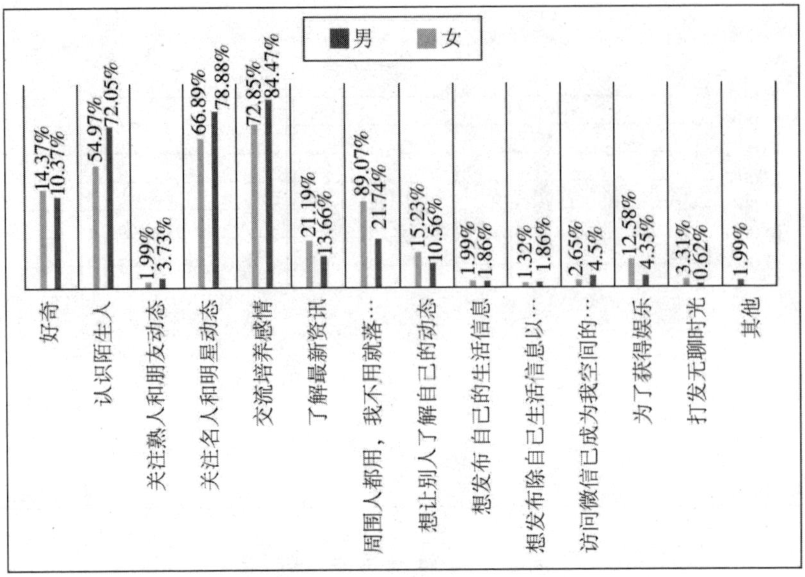

图 4－5　性别与使用动机

表 4－7　性别与关注的话题交叉表

	时政新闻	社会突发事件	娱乐信息	名人动态	科技资讯	养生健康信息	学习方面信息	其他
男	312 (51.66%)	500 (82.8%)	344 (56.95%)	108 (17.88%)	100 (16.56%)	224 (37.1%)	140 (23.2%)	24 (3.97%)
女	168 (26.09%)	476 (73.9%)	468 (72.67%)	180 (27.95%)	12 (1.86%)	284 (44.1%)	292 (45.3%)	16 (2.48%)

（4）性别与微公益：超四成的青少年有过公益活动的经历，女性多于男性

我们在第二章关于青少年使用社交类社会化媒体的调查研究中，发现了有青少年使用人人网发起和参与公益行动，但调查显

示其比例非常低，这可能是因为该类媒体存在一些动员和组织公益行动方面的缺陷，而我们对微信的调查研究则显示（见表 4 - 8），青少年通过微信发起或参与公益行动的比例得到了很大的提高，在青少年微信使用者中，共有超过两成（244 人，20.07％）通过微信发起过公益行动，同时还有超过两成的青少年参与过其他人在微信平台发起的公益行动，两者相加，共有超四成（43.92％）的青少年在微信里发起过或参加过别人发起的公益活动。当然，我们设计的问卷里并没有对公益活动这一概念作出严格的界定，存在受访者扩大公益活动的概念范围的嫌疑。但既然是公益活动，受访者对它的理解只可能是“做了好事”而不是相反。所以无论如何，这也是个非常好的现象，对于培育青少年的志愿精神、公益意识具有重要的意义，值得鼓励与引导。值得鼓励比较而言，无论是发起还是参与微公益行动，女性均较男性比例多，女性青少年发起过和参与过的比例分别为 22.98％、29.19％，而男性此数据分别为 15.89％、15.23％。

表 4 - 8 性别与公益行为

	发起过	没发起过	参加过	没参加过
男	96（15.89％）	488（80.79％）	92（15.23％）	492（81.46％）
女	148（22.98％）	484（75.16％）	188（29.19％）	444（68.94％）
合计	244（20.07％）		280（23.03％）	

2. 年龄差异

(1) 年龄与使用频率：年龄段越高，使用频率越高

调查发现，年龄段越高使用微信的频率越高。14－18周岁年龄段的青少年保持24小时在线的人数比例为15.09％，基本每天登陆至少一次的比例为30.19％；19－23周岁的青少年此两项比例分别为32.5％和49.38％；而24－28周岁的青少年此两项比例则分别达到33.33％和57.58％（如图4－6）。

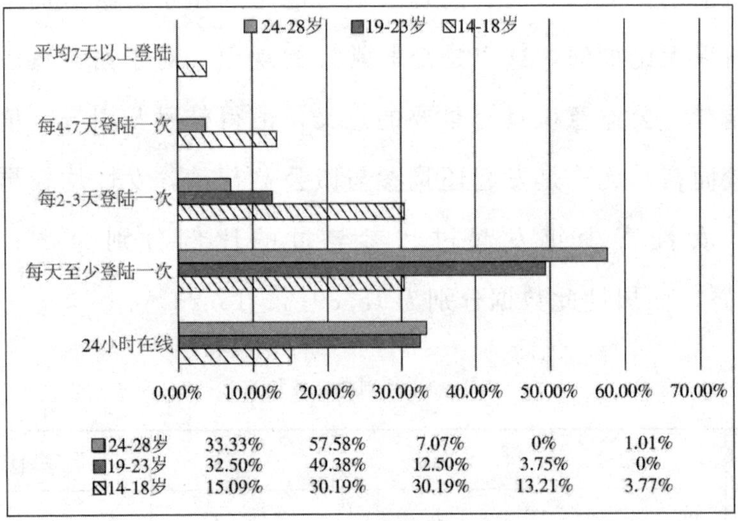

图4－6 年龄与使用频率

(2) 年龄与使用动机：高年龄段更想认识陌生人；低年龄段则更显好奇

调查显示，14－18周岁的青少年使用动机前三位分别是关注朋友和熟人动态（67.92％）、交流培养感情（66.04％）、好奇

(56.60%)；19—23 周岁青少年使用动机前三位分别是交流培养感情（79.38%）、关注熟人和朋友动态（73.75%）、认识陌生人(68.75%)；24—28 周岁青少年使用动机前三位分别是交流培养感情（84.85%）、关注熟人和朋友动态（74.75%）、认识陌生人(62.63%)。图 4-7 不难看出，所有年龄段的青少年持有“关注熟人或朋友动态”和“培养交流感情”的动机的人数比例都在前两位，进一步比较发现，14—18 周岁低年龄的青少年出于“好奇”的动机明显高于其他两个年龄段，这符合我们的常识性理解；而其他两个年龄段的青少年持有“认识陌生人”的动机的人数比例均排在第三位，明显高于 14—18 周岁低年龄段的青少年，14—18 周岁年龄段的青少年大多数还处于中学阶段，一方面，没有足够的勇气面对与陌生人见面的潜在风险，另一方面，学校、家庭等社会纽带与他们的联系更紧，对他们有更强的社会控制功能，所以他们相对于处于高年龄段的大学阶段或上职阶段的青少年而言，较缺乏认识陌生人的勇气与机会。

(3) 年龄与关注的话题：低年龄阶段更关注时政新闻，高年龄段更关注养生健康

调查显示，社会突发事件和娱乐信息均成为三个年龄段关注人数比例前两位的话题，但低年龄段的青少年更关注时政新闻话题，高年龄段的青少年更关注养生健康话题。14—18 周岁低年龄的青少年关注时政新闻的人数比例排在所有话题的第三位，比例为 45.28%，高于中间年龄段（38.13%），更高于高年龄段(35.35%)；而中间年龄段和高年龄段的青少年对养生健康话题的关注的人数比例非常接近（45.00%，44.44%），且均排在第三

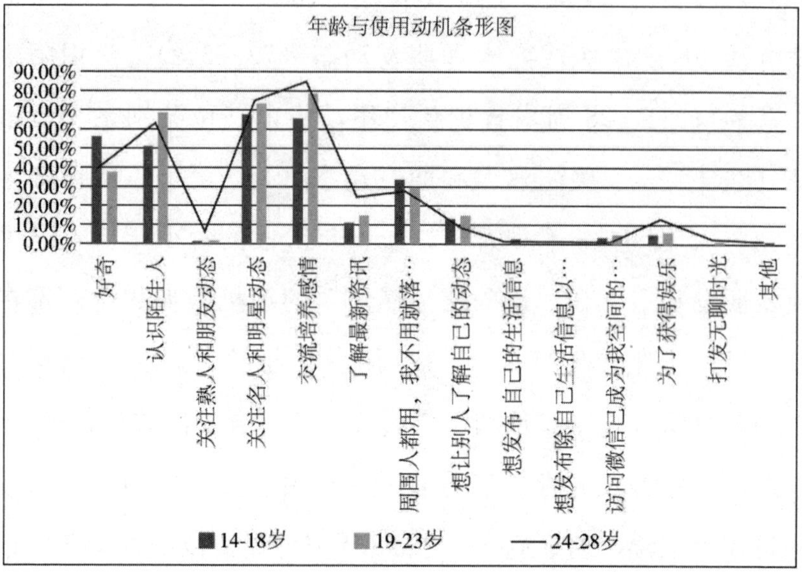

图 4-7　年龄与使用动机条形图

位，明显高于 14—18 周岁低年龄的青少年（20.75%）（见表 4-9）。我们对此给出的解释是，14—18 周岁的青少年绝大多数处于中学阶段，课程学习与考试方面对时政新闻有更多的涉及与要求，因而对迫于学习要求而关注时政新闻就相对较多，而这一阶段的青少年以学习升学为主要任务，且年龄尚小，对养生健康方面的意识和兴趣显然不如高年龄强烈；而中高年龄段的青少年由于学习和升学压力已相对缓解，闲暇时间相对较多，在当前生活条件改善而食品安全问题却又层出不穷、环境污染严重的情况下，养生健康意识随之相对强烈。

表 4－9　年龄与关注的话题交叉表

	14—18 周岁	19—23 周岁	24—28 周岁
时政新闻	96（45.28%）	244（38.13%）	140（35.35%）
社会突发事件	144（67.92%）	500（78.13%）	332（83.84%）
娱乐信息	144（67.92%）	428（66.88%）	240（60.61%）
名人动态	64（30.19%）	128（20.00%）	96（24.24%）
科技资讯	28（13.21%）	56（8.75%）	28（7.07%）
养生健康信息	44（20.75%）	288（45.00%）	176（44.44%）
学习方面信息	60（28.30%）	212（33.13%）	160（40.40%）
其他	8（3.77%）	28（4.38%）	4（1.01%）

（4）年龄与参与公益活动：年龄段越高，越可能有通过微信“发起”过公益活动的经历，中间年龄段的更容易被动员“参加”公益活动

调查显示，年龄段越高，越可能有通过微信发起过公益行为的经历。14—18 周岁的青少年通过微信发起过公益活动的青少年人数比例为 5.66%，而对于中间年龄段和高年龄的青少年此项比例分别为 21.88%和 23.23%。这可能是因为年龄段越高，动员发起公益行动的资源（包括经济资源、社会资源及时间精力）越多。

参加过其他人通过微信发起的公益行动的人数比例，也是低年龄段（14—18 周岁）的最低，只有 1.89%。但是中间年龄段（19－23 周岁）的青少年参加过公益行动的人数比例（27.5%）略高于高年龄段（24－28 周岁）的人数比例

(25.25%)。这里我们给出的解释是，19—23年龄段的青少年大多处于大中专阶段，相对于低年龄段有更多的参加公益活动的资源，而相对于大多数处于就职阶段的高年龄段青少年，因其还处在“象牙塔”里的更为圣洁的氛围里，因而也更容易被动员而参加公益活动。

表4-10　年龄与公益行为交叉表

	发起过	参加过
14—18周岁	12 (5.66%)	4 (1.89%)
19—23周岁	140 (21.88%)	176 (27.5%)
24—28周岁	92 (23.23%)	100 (25.25%)

3. 学历差异

这里首先需要指出的是，最高学历并不代表他们所处的阶段，比如，学历为初中及以下并不等于他们正处于初中及以下求学阶段或年龄，他们可能已经在初中时已经缀学，只具备初中的最高学历，但受访时已在工作或处于工作年龄段。如果混淆了这一点，就会把最高学历与使用频率、动机、公益行为的关系混淆成了年龄段与使用频率、动机、公益行为的关系。

(1) 最高学历与使用频率：近似地符合学历越高使用频率越高的规律

调查表明，在最高学历与使用频率的关系上，近似地符合学历越高，使用频率越高的规律，略有偏离。硕士及以上学历的青少年保持24小时在线和每天登陆至少一次的比例为23.53%和76.47%。此两项比例对应本科、大专、高中或中专、初中及以下学历的青少年分别为34.53%和52.52%、30%和56.76%、25.71%和28.57%、8.33%、33.33%。

表4-11 学历与使用频率交叉表

	24小时在线	每天登陆至少一次	每2—3天登陆一次	每4—7天登陆一次	7天以上登陆一次
初中及以下	4（8.33%）	16（33.33%）	4（8.33%）	0（0%）	8（16.67%）
高中或中专	72（25.71%）	80（28.57%）	80（28.56%）	40（14.29%）	0（0%）
大专	88（29.73%）	168（56.76%）	36（12.16%）	4（1.35%）	0（0%）
本科	192（34.53%）	292（52.52%）	52（9.35%）	8（1.44%）	4（0.72%）
硕士及以上	16（23.53%）	52（76.47%）	0（0%）	0（0%）	0（0%）

（2）最高学历与使用动机：没有明显规律，学历最低的青少年更图娱乐而淡交往

调查显示，在最高学历与动机的关系上，没有明显的规律，一个显著的差异是：初中及以下学历的青少年更图娱乐而淡交往，其持有“娱乐”的动机（25%）明显高于其他年学历的青少年，而关注熟人和朋友动态、交流培养感情两个动机明显低于其他学历的青少年（见表4-12）。

表 4－12　学历与使用动机交叉表

	初中及以下	高中或中专	大专	本科	硕士及以上
好奇	33.33%	54.29%	37.84%	38.85%	47.06%
认识陌生人	58.33%	52.86%	77.03%	63.31%	58.82%
关注名人动态	0%	1.43%	2.7%	3.6%	5.88%
关注熟人和好友动态	33.33%	67.14%	77.03%	77.7%	70.59%
交流培养感情	33.33%	72.86%	82.43%	82.01%	94.12%
了解最新资讯	25%	12.86%	13.51%	20.14%	23.53%
周围人都用，不用落伍了	8.33%	42.86%	29.73%	26.62%	23.53%
想让别人了解自己	0%	14.29%	16.22%	10.79%	17.65%
获得娱乐	25%	8.57%	9.46%	7.19%	0%
打发无聊时光	8.33%	1.43%	1.35%	2.16%	0%

（3）学历与公益行为：学历越高，发起和参加公益活动的可能性越高

调查显示，在最高学历与公益行为的关系上，基本符合学历越高发起和参加公益活动的可能性越高。青少年的最高学历按初中及以下、高中或中专、大专、本科、硕士及以上的顺序，通过微信发起公益活动的比例依次递增，分别为 0%、12.86%、14.86%、23.02%、52.94%；在参加别人通过微信发起的公益活动中，除了初中及以下学历的青少年参加公益活动的比例（8.33%）略高于高中或中专阶段的青少年的比例（7.14%）外，从高中或中专学历起，也是随着最高学历的提高，参加公益活动的青少年比例随之提高（见表 4－13）。

表 4-13　青少年最高学历与参与公益行为

	发起过	参加过
初中及以下	0%	8.33%
高中或中专	12.86%	7.14%
大专	14.86%	17.57%
本科	23.02%	30.94%
硕士及以上	52.94%	47.06%

五、使用微信对青少年的影响

1. 青少年对使用微信影响的自我评价

（1）积极影响的自我评价

调查显示，在积极影响的自我评价方面，超六成（68.18%）的青少年觉得使用微信使自己“获取信息更加方便快捷”，超过八成（87.83%）的青少年认为自己通过微信学到了许多知识；超过七成的（73.16%）的青少年肯定自己通过微信“交到了不少朋友”，超过六成（63.16%）的青少年认为它“是了解朋友的重要途径”；超过四成（42.96%）的青少年觉得微信里的“话题讨论激起了自己的思考”。

表 4-14 青少年对使用微信的积极评价

评价	频数	百分比
获取信息更加方便快捷	840	68.18%
学到了许多知识	1068	87.83%
交到了不少朋友	864	73.16%
话题讨论能够激发自己的思考	520	42.96%
是了解朋友的重要途径	768	63.16%

(2) 消极影响的自我评价

超过七成（70.72%）的青少年承认使用微信“打乱了自己的作息时间”，超六成（62.5%）的青少年坦承使用微信“耗费了许多时间”；超半数（54.61%）的青少年觉得使用微“容易泄露隐私”；还有少数（0.99%）的青少年觉得自己“彻底栽进去了”（见表 4-15）。

表 4-15 青少年对使用微信的消极评价

评价	频数	所占百分比
容易泄露隐私	664	54.61%
打乱了我的作息时间	860	70.72%
耗费了许多时间	760	62.5%
彻底栽进去了	12	0.99%

2. 对身体肥胖程度的影响：经常使用者更易肥胖

调查显示，经常使用微信的青少年更易肥胖。经常使用微信的青少年觉得自己非常肥胖、比较肥胖和有点肥胖的人数比例分别为1.64%、11.56%、37.79%；而偶尔使用微信的青少年此项比例分别为0%、5.49%、29.12%；从不使用微信的青少年此项比例则更低，分别为0%、0%、2.5%（见表4－16）。

表4－16　肥胖程度与使用微信频率交叉表

	非常肥胖	比较肥胖	有点肥胖	肥瘦适中	偏瘦	很瘦
经常使用	1.64%	11.56%	37.79%	25.25%	22.95%	0.82%
偶尔使用	0%	5.49%	29.12%	38.46%	25.82%	1.1%
从不使用	0%	0%	25%	25%	50%	0%

3. 对学习成绩的影响：经常使用者的学习成绩更可能处于班级后1/3，反之则更可能处于班级前1/3

调查发现，使用微信确实对青少年的学习产生了不利影响，数据表明，在校生当中，经常使用微信的青少年的学习成绩处于班级前1/3的人数比例只有9.48%，而处于班级后1/3的比例达到29.47%；偶尔使用微信的青少年的学习成绩处于班级前1/3的比例提高到了26.14%，而处于班级后1/3的比例降到了8.49%；若从不使用微信，则学习成绩处于班级1/3的比例更是提高到了一半（50.09%），而无人处于班级后1/3。

表4-17 学习成绩与使用频率交叉表

	班级前1/3	班级中间1/3	班级后1/3	合计
经常使用	9.48%	61.50%	29.47%	100%
偶尔使用	26.14%	65.36%	8.49%	100%
从不使用	50.09%	49.91%	0%	100%

4. 性格与使用频率的关系：性格外向程度与使用频率呈反向关系，但无法确定孰因孰果

调查显示，性格外向程度与使用频率之间呈反向关系。经常使用的青少年中，性格非常外向、比较外向的比例分别为0.82%、11.97%，而比较内向和非常内向的比例则达到了37.87%、14.92%；偶尔使用的青少年非常外向、比较外向的比例分别提高到了1.10%、17.03%，而比较内向和非常内向的比例则降低到30.11%、2.75%；从不使用的青少年非常外向、比较外向的比例更是分别提高到了6.0%、34.5%，而比较内向和非常内向的比例则降低到22.50%、6.5%（见表4-18）。

表 4－18 性格与使用频率交叉表

	非常外向	比较外向	中性的	比较内向	非常内向
经常使用	0.82％	11.97％	34.43％	37.87％	14.92％
偶尔使用	1.10％	17.03％	49.01％	30.11％	2.75％
从不使用	6％	34.5％	30.5％	22.5％	6.5％

需要强调的是，这里我们只给出了“青少年的性格外向程度与使用频率之间呈反向关系”的结论，并未认定是性格内向导致了青少年更容易使用微信，还是使用微信导致了青少年性格更内向，我们的研究暂时无法确定两者之间究竟孰因孰果，抑或互为因果。

5. 寂寞感与使用频率之间的关系：寂寞程度与使用频率呈正向关系，但也无法确定孰因孰果

调查显示，寂寞程度与使用频率之间呈正向关系。经常使用的青少年中，对“常感寂寞”这一问题，非常同意、比较同意、有点同意的比例分别达到了 1.64％、35.25％，48.36％，而不同意和非常不同意的比例分别只有 13.11％、1.64％；偶尔使用的青少年非常同意、比较同意、有点同意的比例分别下降为 0％、25.82％、45.60％，而不同意和非常不同意的比例则分别提高到 26.37％、2.20％；从不使用的青少年非常同意、比较同意、有点同意的比例分别更是下降到 0％、12.50％、25.00％，而不同意和非常不同意的比例更是分别提高到 50.00％、12.50％。

表 4－19　寂寞程度与使用频率交叉表

	非常同意	比较同意	有点同意	不同意	非常不同意
经常使用	1.64%	35.25%	48.36%	13.11%	1.64%
偶尔使用	0%	25.82%	45.60%	26.37%	2.20%
从不使用	0%	12.50%	25%	50%	12.50%

同样需要强调的是，这里我们只给出了“青少年的寂寞程度与使用频率之间呈正向关系”的结论，并未认定是青少年的寂寞感导致了青少年更容易使用微信，还是使用微信加深了青少年的寂寞感，我们的研究依然暂时无法确定两者之间究竟孰因孰果，抑或互为因果。

6. 心理：产生了一定的依赖

我们的调查用“长时间（3 天及以上）不访问会有失感”、“某些特定时间段使用微信的频率”两个维度来测量青少年对微信的依赖性。

调查显示，在有效样本中，有超过一半（52.3%＝0.33%＋8.22%＋43.75%）（见表 4－20）的青少年长时间不访问微信会有不同程度的失落感，虽然这种失落感对大多数青少年还是比较轻微的，有 43.75%的青少年只是“有点同意”“长时间不访问微信会有失落感”，但依然必须引起我们的重视，因为：其一，不同程度失落感的青少年已达到了一半；其二，已有 8.22%和 0.33%的青少年出现较为严重和很严重的失落感；其三，媒介心理依赖的干预必须及时“消灭在萌芽状态”方能取得较好的效果。

表 4-20　长时间（3 天及以上）不访问微信是否会有失落感

选项	频数	比例
非常同意	4	0.33%
比较同意	100	8.22%
有点同意	532	43.75%
不同意	528	43.42%
非常不同意	52	4.28%

青少年对微信的依赖还体现在他们在某些特定时间里不可控制地或习惯地访问微信，我们的调查显示，青少年在夜间 11 点以后经常和有时使用的分别有 4.93%和 55.92%，两者相加共超过六成（60.85%）；在等待（如等待吃饭、排队等）时间经常和有时使用的达到 6.91%和 37.83%；躺在床上准备睡觉的时候经常和有时使用的分别 6.58%和为 36.51%（见表 4-21）。

表 4-21　某些特定时间访问微信的频率

	经常	有时	比较少	从不
夜间 11 点以后	4.93%	55.92%	33.22%	5.92%
在等待（等待吃饭、排队等）时间	6.91%	30.92%	59.21	2.96%
在躺在床上准备睡觉的时候	6.58%	29.93%	58.22%	5.26%

六、小结

通过以上分析，本章的一些重要研究发现有：

1. 青少年使用微信的基本情况

在使用频率方面，青少年几乎都在使用微信，超过三成的青少年使用者保持 24 小时在线，半数每天都会登录；经常和有时在学习或工作时间使用的比例超过七成，在夜间十一点以后使用的比例超过六成，在等待等空档时间使用的比例近四成，躺在床上准备睡觉的时候使用比例近四成，与朋友一起聚会的时候近四成。

在使用动机方面，人际交流是最主要动机，“认识陌生人”的动机为青少年的人际交往埋下了隐患。微信平台带有“查找附近的人”“摇一摇”等功能，可以以快捷迅速的方式结识并约见陌生人，这种新鲜刺激的交往模式对青少年具有极大的吸引力，一方面可以扩大青少年的交际圈，另一方面也为青少年的人际交往带来巨大的隐患。

在关注的话题方面，社会突发事件已经成为青少年在微信平台里最为关注的话题，这须引起高度重视。青少年通过微信的新闻推送和朋友圈转发等功能对社会突发事件的关注和讨论，使微信平台搭建的青少年虚拟社区容易成为社会突发事件的谣言扩散场、青少年非理性情绪的积聚和暴发地以及网络群体性事件的动员区。

2. 青少年使用微信情况的人口统计学差异

在性别差异方面，我们的研究发现有：（1）女性青少年使用微信的频率略高于男性。（2）男女青少年使用动机前三位均是交流培养感情、关注熟人动态和认识陌生人，但女性青少年持此三方面动机人数比例均略多于男性青少年；而男性青少年在“不用就落伍”“了解闻新资讯”等动机上多于女性青少年。（3）女性更关注娱乐性话题和学习方面的信息；男性更关注社会突发事件类、时政新闻类和科技资讯类话题。（4）青少年通过微信发起或参与公益行动的比例得到了很大的提高，在青少年微信使用者中，共有超过两成通过微信发起过公益行动，同时还有超过两成的青少年参与过其他人在微信平台发起的公益行动，两者相加，共有超四成的青少年在微信里发起过或参加过别人发起的公益活动，且女性多于男性。

在年龄差异方面，我们的发现有：（1）青少年年龄段越高，使用频率越高。（2）高年龄段更想认识陌生人；低年龄段则更显好奇。所有年龄段的青少年持有“关注熟人或朋友动态”和“培养交流感情”的动机的人数比例都在前两位，但14—18周岁低年龄的青少年出于“好奇”的动机明显高于其他两个年龄段；而其他两个年龄段的青少年持有“认识陌生人”的动机的人数比例均排在第三位，明显高于14—18周岁低年龄段的青少年。这可能是因为14－18周岁年龄段的青少年大多数还处于中学阶段，一方面，没有足够的勇气面对与陌生人见面的潜在风险，另一方面，学校、家庭等社会纽带与他们的联系更紧，对他们有更强的社会控制功能，所以他们相对于处于高年龄段的大学阶段或上职阶段的青少年而言，较缺乏认识陌生人的勇气与机会。(3) 低年龄阶段更关注时政新闻，高年龄段更关注养生健康。这可能是因为，14－18周岁的青少年绝大多数处于中学阶段，课程学习与考试方面对时政新闻有更多的涉及与要求，因而对迫于学习要求而关注时政新闻就相对较多，而这一阶段的青少年以学习升学为主要任务，且年龄尚小，对养生健康方面的意识和兴趣显然不如高年龄强烈；而中高年龄段的青少年由于学习和升学压力已相对缓解，闲暇时间相对较多，在当前生活条件改善而食品安全问题却又层出不穷、环境污染严重的情况下，养生健康意识随之相对强烈。(4) 青少年年龄段越高，越可能有通过微信“发起”过公益活动的经历，而中间年龄段的更容易被动员“参加”公益活动。这可能是因为年龄段越高，动员发起公益行动的资源（包括经济资源、社会资源及时间精力）越多。参加过其他人通过微信发起的公益行动的人数比例，也是低年龄段（14－18周岁）的最低。但是中间年龄段（19－23周岁）的青少年参加过公益行动的人数比例略高于高年龄段（24－28周岁）的人数比例。这可能是因为，19－23年龄段的青少年大多处于大中专阶段，相对于低年龄段有更多的参加公益活动的资源，而相对于大多数处于就职阶段的高年龄段青少年，因其还处在“象牙塔”里的更为圣洁的氛围里，因而也更容易被动员而参加公益活动。

在学历差异方面，我们研究发现：（1）近似地符合学历越高使用频率越高的规律。（2）在最高学历与动机的关系上，没有明显的规律，但是一个显著的差异是，初中及以下学历的青少年更图娱乐而淡交往，其持有“娱乐”的动机明显高于其他年学历的青少年，而关注熟人和朋友动态、交流培养感情两个动机明显低于其他学历的青少年。（3）学历越高，通过微信发起公益活动的可能性越高。在参加别人通过微信发起的公益活动中，除了初中及以下学历的青少年参加公益活动的比例（8.33%）略高于高中或中专阶段的青少年的比例（7.14%）外，从高中或中专学历起，也是随着最高学历的提高，参加公益活动的青少年比例随之提高。

3. 使用微信对青少年的影响

在青少年对使用微信影响的自我评价方面，超六成的青少年觉得使用微信使自己“获取信息更加方便快捷”，超八成的青少年认为自己通过微信学到了许多知识，超过七成的青少年肯定自己通过微信“交到了不少朋友”，超过六成的青少年认为它“是了解朋友的重要途径”，超过四成的青少年觉得微信里的“话题讨论激起了自己的思考”。同时，有超过七成的青少年承认使用微信“打乱了自己的作息时间”，超六成的青少年坦承使用微信“耗费了许多时间”，超半数的青少年觉得使用微“容易泄露隐私”，还有少数的青少年觉得自己“彻底栽进去了”。

在对于使用微信对青少年的身体、学习、性格、寂寞感、心理等影响方面，我们的一些重要发现有：（1）经常使用者更易肥胖。(2) 使用微信确实对青少年的学习产生了不利影响，经常使用者的学习成绩更可能处于班级后1/3，反之则更可能处于班级前1/3。(3) 性格外向程度与使用频率呈反向关系，经常使用者的性格更内向，但无法认定是性格内向导致了青少年更容易使用微信，还是使用微信导致了青少年性格更内向，抑或互为因果。(4) 寂寞程度与使用频率呈正向关系，经常使用者的寂寞程度越高，但同样无法认定是青少年的寂寞感导致了青少年更容易使用微信，还是使用微信加深了青少年的寂寞感，抑或互为因果。(5) 有超过一半的青少年长时间不访问微信会有不同程度的失落感，虽然这种失落感对大多数青少年还是比较轻微的，有43.75%的青少年只是"有点同意""长时间不访问微信会有失落感"，但依然必须引起我们的重视，因为：其一，不同程度失落感的青少年已达到了一半；其二，已有8.22%和0.33%的青少年出现较为严重和很严重的失落感；其三，媒介心理依赖的干预必须及时"消灭在萌芽状态"方能取得较好的效果。另外，青少年对微信的依赖还体现在他们在某些特定时间里不可控制地或习惯地访问微信，我们的调查显示，青少年在夜间11点以后经常和有时使用的分别有4.93%和55.92%，两者相加共超过六成（60.85%）；在等待（如等待吃饭、排队等）时间经常和有时使用的达到6.91%和37.83%；躺在床上准备睡觉的时候经常和有时使用的分别6.58%和为36.51%。

第五章 青少年使用电子商务类社会化媒体调查

电子商务类社会化媒体是指电子媒体与商务相结合，为生产者与消费者之间的信息流与资金流能够有效沟通而提供的平台。在电子商务类社会化媒体迅速发展的同时，人们的生活方式和消费方式都发生了翻天覆地的变化，通过电子商务类社会化媒体进行网络消费已经贯穿于人们日常生活当中，而青少年消费者已经成为网上消费活跃的力量。

青少年群体作为一个好奇和好动的特殊消费群体，其消费心理、消费方式多样。青少年使用电子商务类社会化媒体进行消费与哪些因素相关？消费之前有什么疑虑？在实际消费过程有哪些体验？本章以美团为例，带着以上问题对青少年使用电子商务类社会化媒体进行网络消费展开研究。

一、引言

随着西方社会从生产社会转向消费社会，社会学对消费的研究也发生了转向。在西方，消费社会学作为一门分支学科，其理论发展过程可以分为两个阶段。第一阶段主要是从结构功能主义角度对消费的影响因素进行探讨。第二阶段是消费社会学的形成发展时期，这一阶段，西方进入了所谓的消费社会，消费在经济和社会生活中的地位日益突显，消费研究也上升到社会结构层面，消费所体现的社会结构关系成为研究者关注的问题①。

近年来，团购消费的炙手可热已引起了国内外众多学者的关注，相对于传统消费的研究来讲，目前我国社会学领域对于网上消费的研究比较少，相关理论、研究成果和分析方法都处于起步和发展过程中。

当前，网上消费已经成为社会生产的一部分，相比于传统消费的货币交换商品，网上消费更是一种文化符号。网上消费在人们特别是青少年群体的生活习惯、消费方式、价值观念等方面有着重要影响。作为接受新事物最快的群体，青少年是网上消费的主要影响群体。随着网上购物行为越来越安全规范和相关政策的出台，青少年的网上消费行为必然会在原来的基础上更加快速发

① 高原．鲍德里亚社会消费理论探析［D］．黑龙江大学，2009.

展和普及。

经济全球化的大环境下，无地域限制、无时间限制的网上消费迅速崛起，另外西方的文化消费也进入了我们生活，冲击着我国的文化产业。这种大环境下青少年可能会产生迷茫和错觉。青少年应该养成一种良好的消费习惯，建立正确的消费观念。本书研究可能会为青少年的网上消费行为提供一些参考。另外通过本书一些数据的分析资料可能会使针对青少年经营的企业更加了解青少年群体，更有针对性的开发青少年消费市场，更有针对性的制定相应的营销策略。本书通过对青少年网上团购消费的状况研究，希望能够总结规律、预测发展趋势，为青少年在以后的生活中快捷、准确的使用生活服务类社会化媒体提供经验。

二、相关文献综述

青少年消费群体的研究自上世纪 90 年代以来逐渐引起国内各界的关注，研究内容主要包括消费的构成、消费的需求、消费者的心理特征、影响消费者行为的因素、消费行为产生的影响及合理消费行为引导对策分析等等。实证的调查和定性的人文主义研究成为主要的研究方法。调查研究涉及到不同经济发展水平地区和不同学历的青少年。

付晓丽的《青少年消费行为的社会学研究》从社会学视角

出发，指出了当代青少年消费行为感性化、符号化、超前化和网络化等特征。她认为青少年消费行为的影响因素包括青少年消费认同、消费心理以及消费主义，合理引导青少年消费行为应通过消费教育来重塑青少年的消费文化。她认为网络已经成为青少年活中不可缺少的一部分[①]。青少年属于年轻的消费群体，他们很快接受并使用网上消费这种消费方式，他们有着追求时尚的个性，网上商品种类的丰富性和前沿性符合了他们心理个性要求。他们是网商的推动者之一，青少年是普遍使用网络的群体特征使得他们成为了网上商家和开发者着重关注的群体。

1. **国外相关研究**

对于网上消费，消费者不仅注重产品质量和服务态度还注重网站在消费者和商家之间的沟通作用。就目前的网上消费情况来看，网上交易条款、安全措施的可靠性程度、网上产品在多大程度上满足消费者需求，均能够对用户的消费行为产生很大影响。网站特征与网上消费之间的关系历来是国外研究者们的研究切入点。

美国的 Von Dran 试图从网上消费者满意与不满意的角度来研究消费网站的质量。他们的研究表明，消费网站的特征可以分成影响用户对网站满意与不满意的保健与激励因素。保健因

① 付晓丽．大学生消费行为的社会学研究［J］．中国青年研究，2009（9）：73—77.

素特征使网站据别功能性与服务性，其缺失将引起用户的不满。尤其重要的是激励因素通过提高用户满意而增加消费网站的价值。激励因素有如下五类：娱乐性、认知结果、用户授权、诚信性、虚拟化的外观、信息内容的组织①。

Li 和 Zhang 在研究中从网络消费行为和网络消费态度两方面考察网上消费行为。他们认为，网上消费行为是指通过网络购买产品和服务的过程。对于网上的消费，消费者除了有识别商品和服务的需求之外，还有搜索与需求相关的信息的要求。另外，吸引潜在消费者的因素有与其感知需求相关的产品和服务信息。

Lang 和 Lai 他们研究了网上消费行为的主要影响因素，认为有 3 类，其中 2 个也是激励因素，第 3 个因素是媒体丰富度。研究表明影响直接支持交易过程的是激励因素。媒体丰富度因素表现在呈现信息渠道上和程度上。

2. 国内相关研究

唐魁玉和尼世伟在《基于电子商务的网络消费方式》一文中论述了网络消费与电子商务的关系。他们在文中提出了网络消费的八种特征，即网络消费的情境性、个人性、直接性、流动性、信用性、便捷性、观念性、时尚性等特征。他们提出的网络消费

---

① 黄佑聪．大学生网上消费认同研究——以中南大学为例［D］．中南大学，2011.

的便捷性、情境性和时尚性等特征直接对本研究产生启示[①]。

陈剑梅在《网络消费流行的社会心理原因及营销策略》一文中认为网络消费是一种符号消费。人们通过消费方式的选择体现自己的身份、地位和品位，建构着自我认同的社会阶层。他认为网络消费的主体具有高学历、高收入的特点，也就是现代所谓的社会精英，他们的生活方式往往表现出某种殊荣和优越，成为社会群体文化的符号象征，成为人与人之间相互认同或区分的标记，为众人的效仿创造了一种无形的压力。以致社会的其他阶层也会效仿进行网络消费，“消费”的目的，只是为了让自己保持与社会中某个优势群体的所谓一致性，从心理上提升消费者自我形象、角色地位、群体归属的认同需要[②]。

此外，张红明、李庆梅在《青少年网络消费行为细分—基于网络消费目的的实证研究》中，利用实证研究认为青少年网络消费心理有学习需要、创业需要、自我表达需要、沟通需要、休闲需要[③]。徐洪升在《青少年网络信息消费行为研究现状分析》中对青少年网上消费行为现状进行定性分析，他的研究成果主要集中在网络消费目的、内容、途径与方式、消费效果与满意度等 6 个方面。

---

① 唐魁玉，尼世伟．基于电子商务的网络消费方式［J］．中国海洋大学学报，2003（1）：90－92．

② 陈剑梅．网络消费流行的社会心理原因及营销策略［J］．商业时代，2010（7）：31－32．

③ 张红明，李庆梅．大学生网络消费行为细分——基于网络消费目的的实证研究［J］．商场现代化，2007（19）：66－67．

三、相关概念

1. 团购

团购一词产生于上世纪 80 年代，通常是指以数量为标准向供应商订货以低于市场价格获得产品。网络团购是指一定数量的用户通过互联网渠道组团，以较高折扣购买同一种商品的商业活动。消费者自主团、商家发起团、第三方组织团这三种模式是现在团购的主要模式。

网络团购有以下四个特点，结合线上线下易操作模式；以服务和耐用产品为主；适合人群广，能够满足不同层次群体的消费需求；主要是小额度交易。2010 年 3 月 4 日美团网成立。目前，美团是国内成立最早、综合实力最强的团购网站，“消费者第一、商家第二，美团第三”一直是美团网所遵循的理念。美团网一贯坚持与商家平等、互利、共赢，在现实生活中美团为消费者提供消费指南和折扣，同时也帮助商家吸引消费者。

2. 美团

美国第一个团购网站 GROUPON 于 2008 年投入运营，创造了第一年 13.6 亿美元交易额的奇迹。2010 年我国团购网站出现并快速发展起来，网络团购是近年来我国发展最快的网络应用之一，生活服务领域已逐渐互联网化和电子商务化。目前在我国美团网站是生活服务领域的领军网站，其发展速度首屈一指，作为我国第一大电影分销和第三大酒店分销的美团已融入广大网民生活。

根据我国电子商务研究中心调查显示美团网的销售额在 2010 年仅有 1.4 亿，2012 年为 55.5 亿，是 2011 年的 3.8 倍，2014 年有了质的飞跃达到 460 亿，而截止到到 2015 年 6 月底，美团的销售额已经超过 470 亿，同比增长 190%，占团购市场份额 51.9%，稳居行业第一[①]（如图 5－1）。

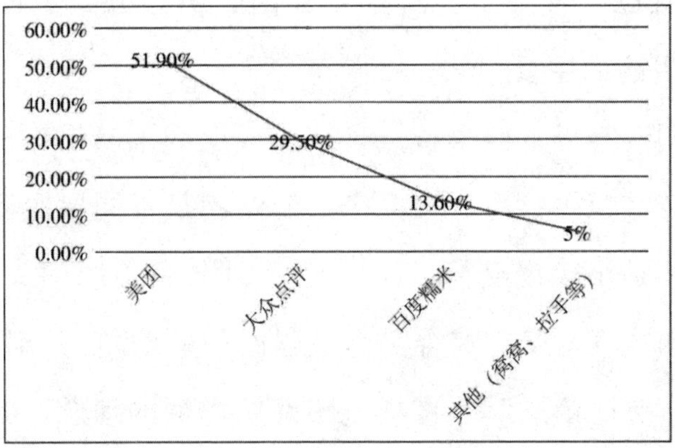

图 5－1　2015 上半年团购网站市场份额对比图

① 王兴．美团发展战略［EB/OL］．http：//media. people. com. cn/GB/120837/17649955. html，2012－4

四、研究设计

1. 研究假设

假设 1　青少年美团团购消费与其性别具有相关性

假设 2　青少年使用美团的频率受到其经济状况影响

假设 3　青少年美团团购消费受其年龄影响

假设 4　青少年美团团购消费受其学历影响

假设 5　青少年美团团购消费行为受到团购价格和团购方式影响

2. 研究方法

首先我们通过实地发放问卷和网站发放问卷，请调查对象填写问卷来获得研究数据。再通过和一些参与网上消费的青少年进行面对面地交谈来了解他们在网上消费行为和体验。

3. 问卷调查

在发放调查问卷之前，先是在安徽工程大学的大学生中进行了试调查，以发现问卷的格式和问题的错误，以及存在的可改进的地方，了解问题的表述是否能清楚地表达问卷的意思。然后对问卷进行了修改，最终定稿实行调查。本调查共发放问卷600份，回收580份，其中有效问卷是574份，有效回收率是95.67%。

五、样本人口统计学分布

1. 性别分布

考虑到不同性别的青少年生活方式、生活习惯不同，他们在美团网消费的情况可能会不同，因此本书对样本进行了性别的划分。本次有效调查对象是574人，其中男性是271人，女性是303人，由数据显示在样本中的性别比例适当（如图5-2）。

2. 年龄分布

考虑到青少年参与网购的低龄化，本章将青少年的年龄范围向下修正1岁，即将13周岁—27周岁的青少年作为研究对象。调查数据显示年龄分布在19—21岁的有139人，样本比例为24.19%，年龄分布在22—24岁的有287人，样本比例是50%（如图5-3）。

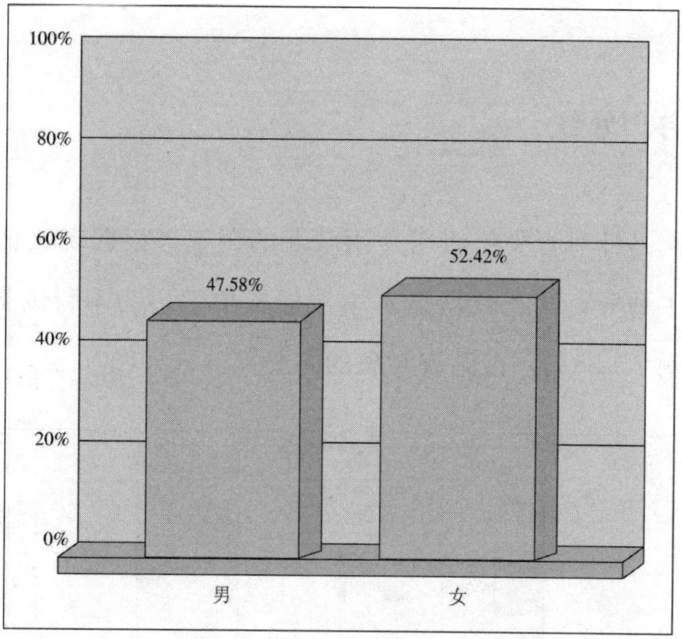

图 5－2　样本性别分布

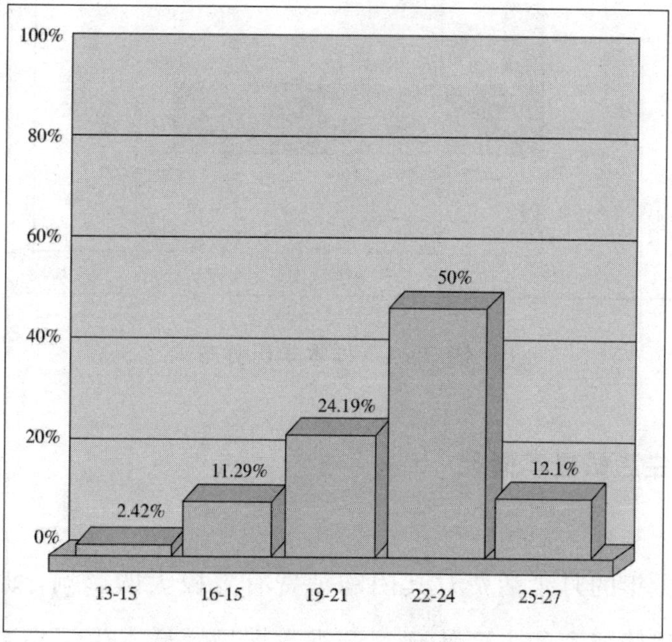

图 5－3　样本年龄分布

3. 学历分布

本次是针对青少年使用美团状况的调查，根据现实情况对学历进行了划分，调查数据显示本次样本中学历为本科人数是417人，比例72.58%，占调查对象的主要部分（如图5-4）。

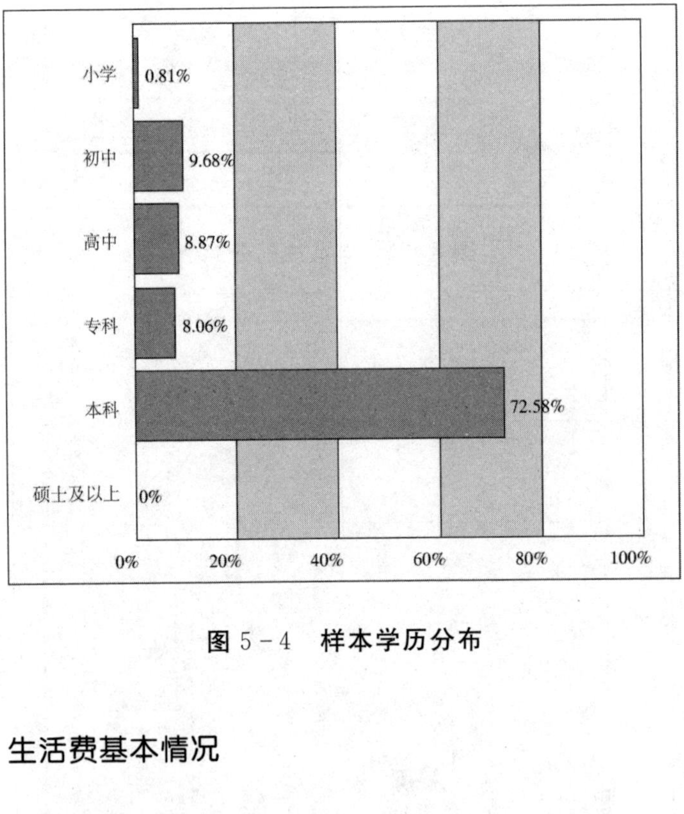

图5-4 样本学历分布

4. 生活费基本情况

青少年的月生活费对其团购消费有着极大的影响，是其消费周期和消费能力的主要体现，调查数据显示样本生活费主要集中在600—1000和1000—1500元之间，两者比例共占到62.1%（如

图 5－5）。

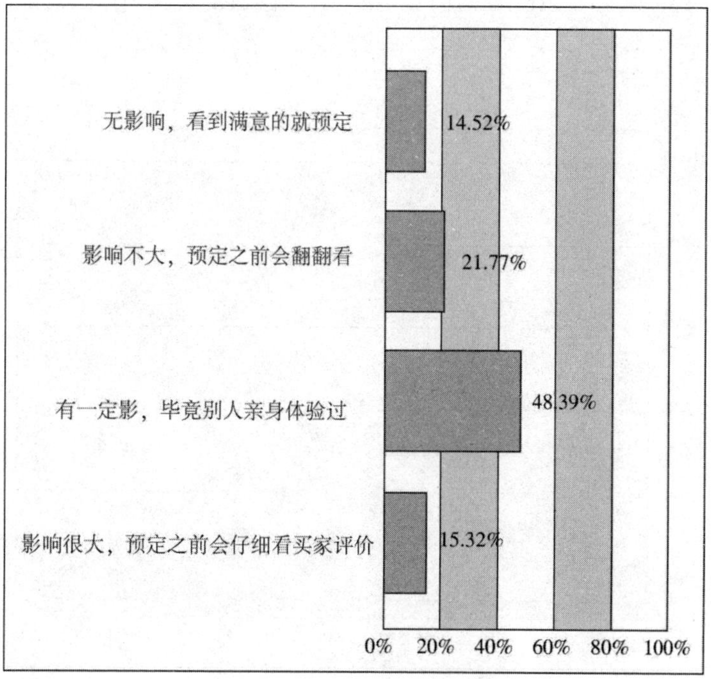

图 5－5　样本生活费情况

六、调查结果与分析

1. 使用情况

（1）使用人数比例

这一代青少年是与互联网共同发展的，网络的普及很大程度上改变了我们的消费方式，样本调查数据显示使用美团的青少年人数为 468 人，其比例为 81.45%。知道但没使用过美团的人数为 106 人，其比例是 18.55%（如图 5－6）。

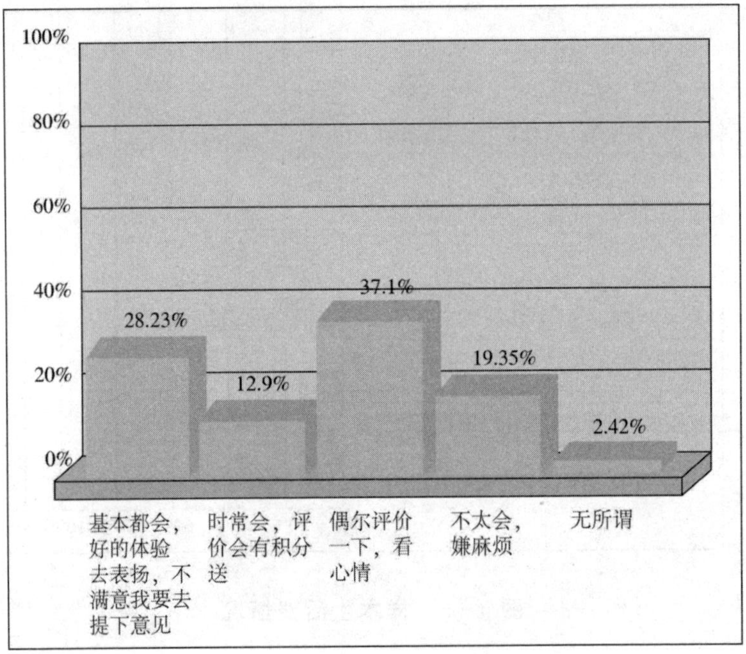

图 5—6　样本使用美团人数比例

（2）使用频率

青少年自身经济能力和美团团购消费的必要性很大程度上影响着其美团消费周期。调查数据显示调查对象每月消费一次的比例为 51.61%，每季度消费一次的比例为 29.03%，每周消费一次的比例为 16.13%，每天消费一次的比例为 3.23%（如图 5－7）。

（3）消费动机

青少年是一个活跃的消费群体，但因其经济能力相对比较薄弱，因而比较看重商品的价格。调查数据显示美团团购的价格优惠程度的吸引力最强，比例为75.81%，由此可见大部分青少年是因为美团网上的优惠活动，价格实惠而去消费。另外，方便快捷的方式、商品种类的丰富性、支付安全也是吸引青少年消费者的主要因素（如图5-8）。

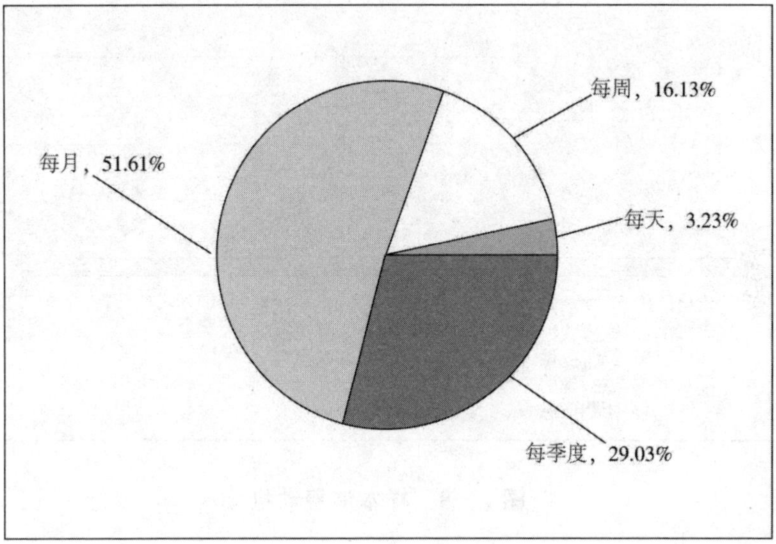

图5-7　样本使用频率

笔者的访谈也再次佐证了上述结论：

“有时候没事，我会刷刷美团，如果有很优惠的活动、价格划算，我就去，不过一般都是吃的啊”（A，女，19岁）

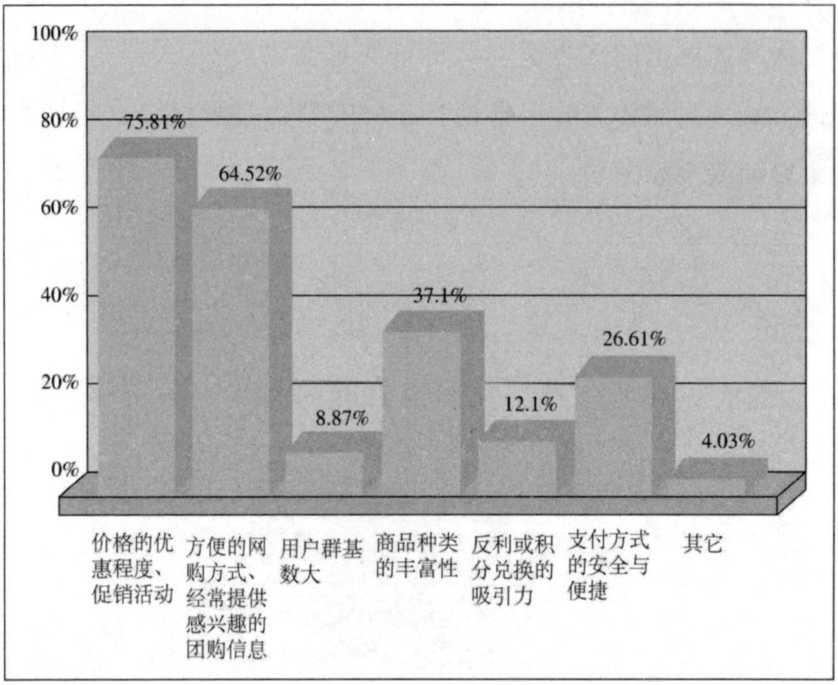

图 5-8　样本消费动机

（4）消费品种

美团网是生活服务领域的领军网站，青少年的特性决定了他们消费的种类，调查数据显示，有 353 人选择餐饮消费其比例高达 75.41%，有 330 人选择电影和 KTV 消费其比例高达 70.49%（如图 5-9）。

以下是对两位青少年的访谈记录，也证实了餐饮、电影和 KTV 是青少年网络团购消费的主要项目。

“我们聚餐会用美团，便宜啊”（B，女，22 岁）“有喜欢的电影放映，我一般都团购去看，既省事又划算”（C，男，20 岁）

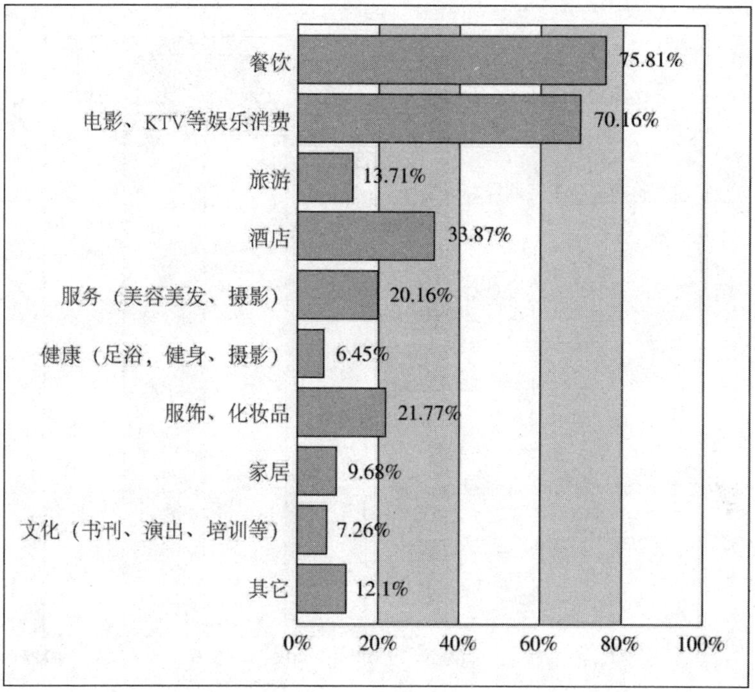

图 5－9　样本消费动机

（5）使用方式

网络的发达、手机的普及，美团 PC 端和手机 APP 的方便与快捷进一步引发了青少年的消费欲望。调查数据显示 79.03％的青少年会直接去美团网查看消费，25％的青少年通过团购导航类网站查看消费（如图 5－10）。

（6）消费过程

第一，用户评价影响

用户评价对于美团来说很重要，同样对于青少年消费者更重要，青少年的好奇心理促使他们去感知他人的体验感受。数据调查显示，会去看他人消费评价的比例高达 85.64％，数据显示青

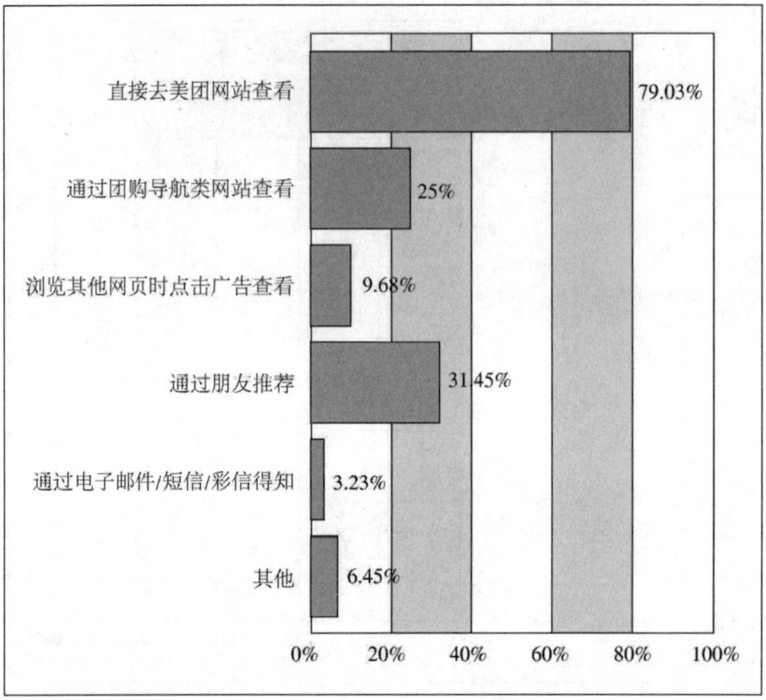

图 5－10　样本消费方式分布

少年消费者很重视别人的消费评价（如图 5－11)。

笔者的访谈也证实了这一点：

“一般在预定之前都会看一下”（E，女，23）“有一定影响，如果看到人家评的不好，就不太会去了”（F，男，18 岁）

第二，消费后评价意愿

青少年消费后有评价的自由和意愿，数据调查显示 28.23％的调查对象表示基本都会去评价，12.9％的调查对象时常会去评价，37.1％的调查对象偶尔评价一下（如图 5－12)。

第三，美团券过期情况

数据调查显示 41.94％的青少年都会及时使用美团券，

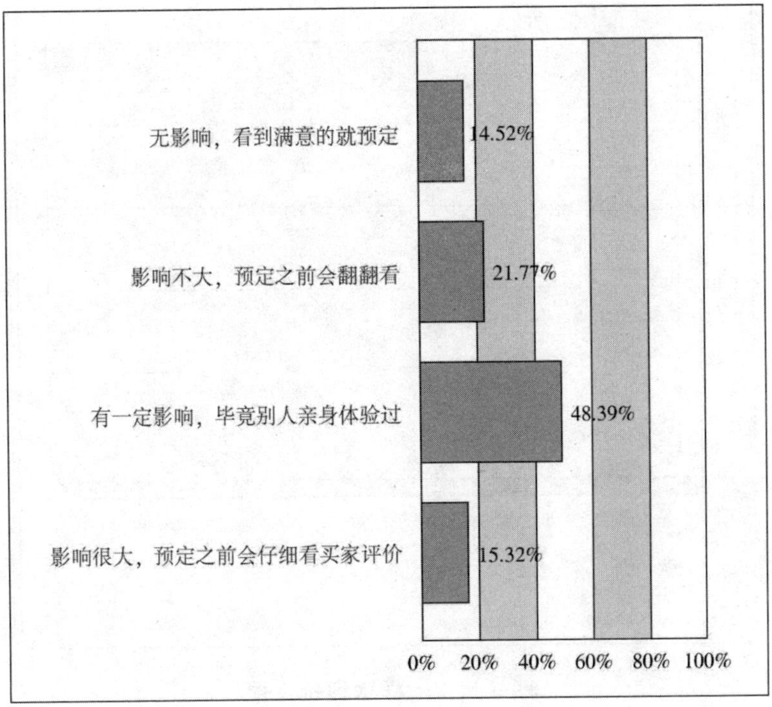

图 5-11 样本对于其他用户评价的参考可能性

28.23%的青少年很少有美团券过期作废的时候，9.68%的青少年会经常来不及使用美团券导致过期现象（如图 5-13）。

第四，消费体验

一是实际消费的困惑。美团作为商家和用户的桥梁，其秉承消费者第一、商家第二、美团第三的理念，但是在用户体验过程中可能会出现问题。数据调查表明感觉商品实际质量有欠缺及经常限制美团卷使用的比例为 68.55%，感觉商家对美团用户的态度不好的比例为 42.74%（如图 5-14）。

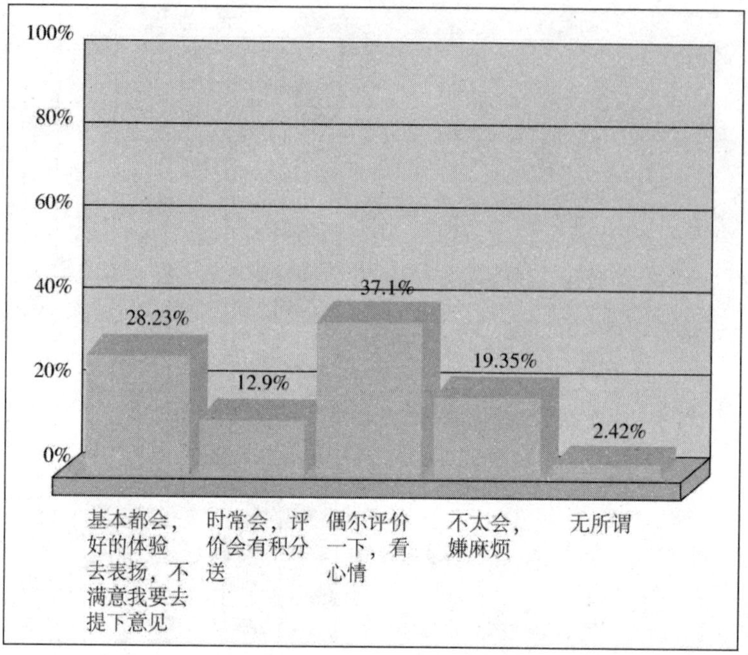

图 5－12　样本评价意愿

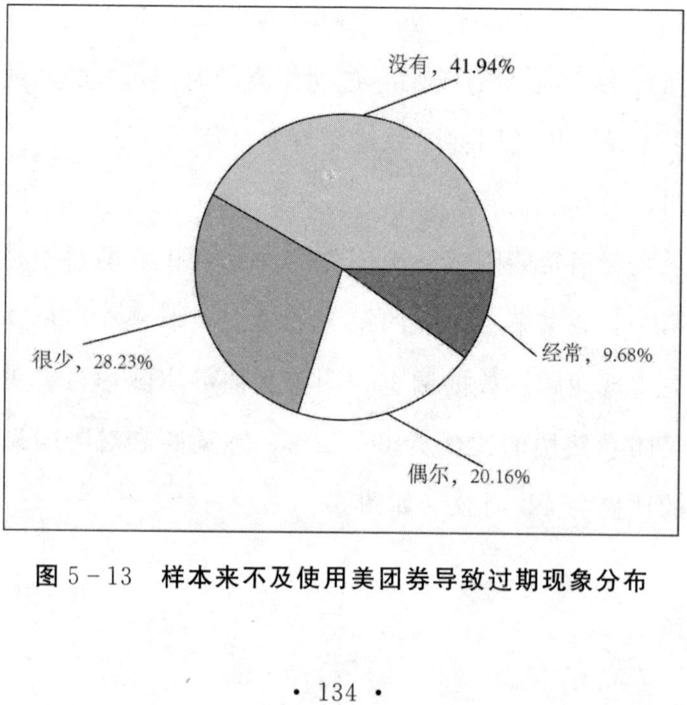

图 5－13　样本来不及使用美团券导致过期现象分布

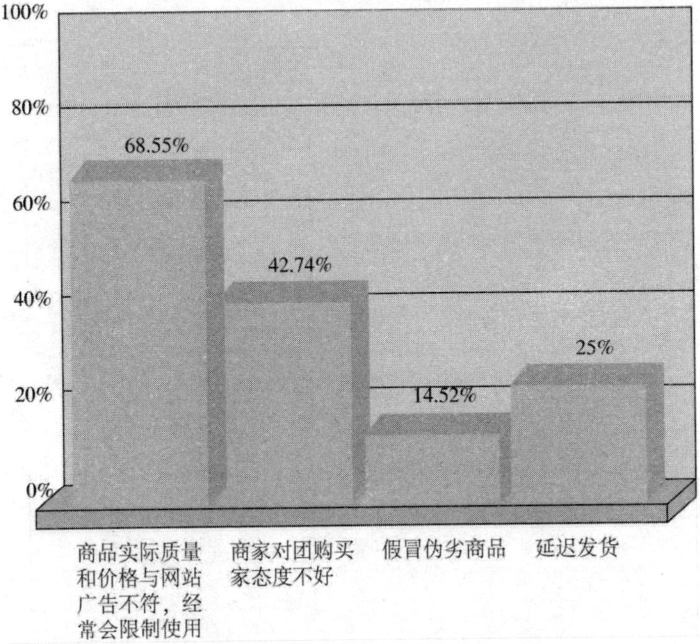

图 5－14 **样本消费体验之一**

笔者在访谈时也发现了青少年消费者的实际困惑。

“有时候会对我们美团的不理不睬啊，不乐意接待美团的，干嘛还上美团”（G，女，20 岁）“时间限制，有时候周末不给用”（J，男，23 岁）

二是团购网站比较。目前中国团购网站 5000 多家，美团自 2010 年诞生以来发展迅速，目前美团网市场份额已超过 55%，占据大半个团购市场。在调查中有 325 人认为美团相对于其他团购网站占有优势，其比例是 69.35%（如图 5－15）。

三是参照群体。家人和朋友是青少年的主要的参照群体，青少年处于人生的特殊时期，比较容易受到周围人的影响，他们可能为了得到社会群体的肯定，获得群体所属感，喜欢进行网上消

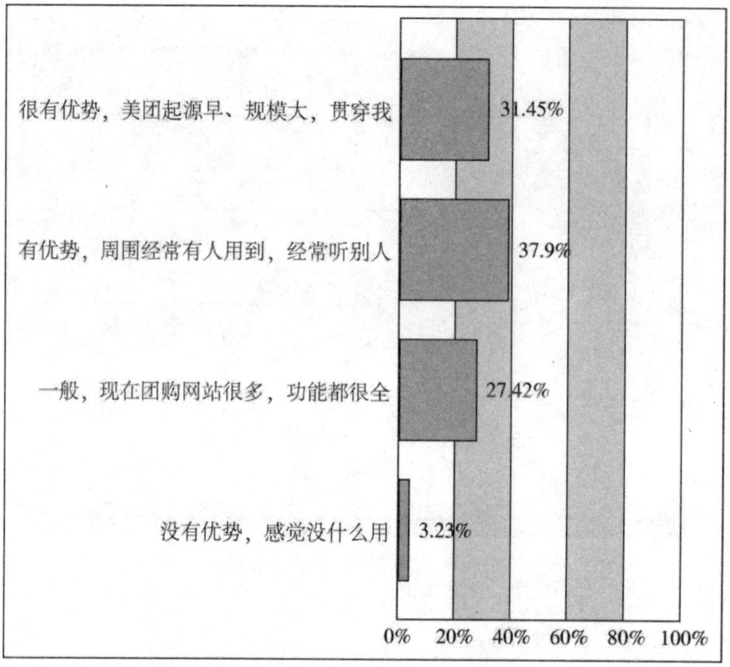

图 5－15　**美团优势衡量**

费。在574位青少年调查中，数据显示26.61%的青少年认为自己身边有很多亲戚朋友在使用美团，56.45%的青少年听说周围有亲戚朋友在使用美团，16.94%的青少年周围没有亲戚朋友使用美团（如图5－16）。

四是消费疑虑。在调查574位青少年网上团购疑虑时，数据显示他们对于网站信誉问题很重视，其比例为60.48%，另外，货品安全问题也是他们对团购网站疑虑的主要影响因素，其比例为50%（如图5－17）。

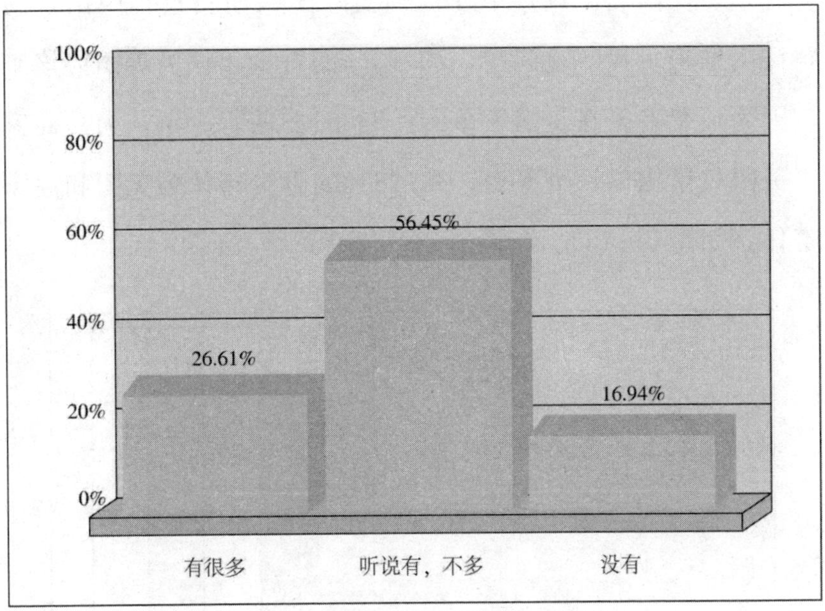

图 5－16　参照群体使用美团情况

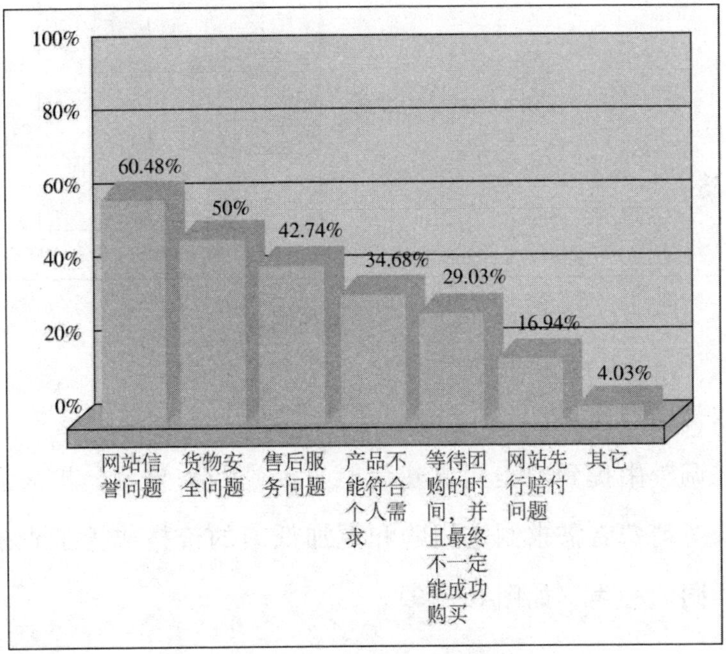

图 5－17　消费疑虑因素

五是责任归属。调查中在提到实际团购消费过程中出现问题时，该由谁来负责解决问题，29.03%的青少年认为美团应该来负责，因为消费者是在美团下单的；25.81%的青少年认为由商家负责，美团只是提供一个平台；45.16%的青少年认为美团和商家都有责任（如图5－18）。

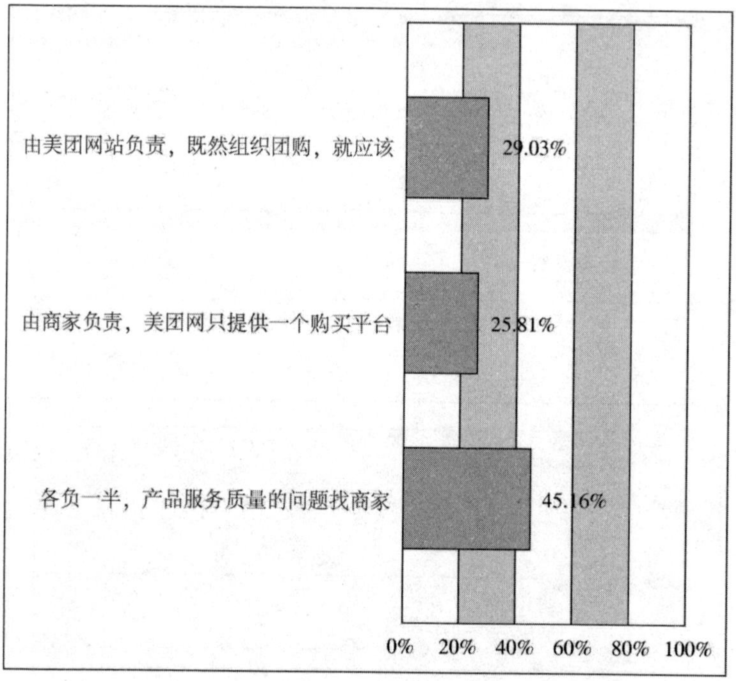

图5－18　责任归属

六是消费建议

在调查中提到给美团提建议时，提高服务质量、扩大商品范围、针对消费者需求制定团购和更加低廉的价格成为了青少年消费者共同的心声（如图5－19）。

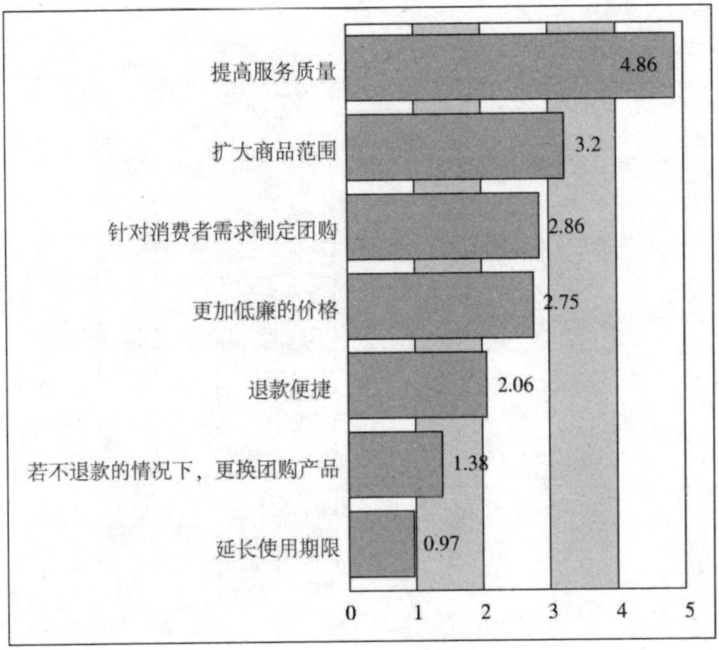

图 5-19　样本建议排序

2. 不使用美团的情况

在调查中 18.55%的青少年表示知道但是没有使用过美团，总计 106 人。调查数据显示在这 18.55%调查对象中，38.71%的青少年表示参加团购网站的商家参差不齐，后续服务无法保障；37.1%的青少年表示对团购网站不感兴趣；29.84%的青少年嫌麻烦不如直接到场消费；29.84%的青少年表示没有发现自己想要购买的（如图 5-20）。

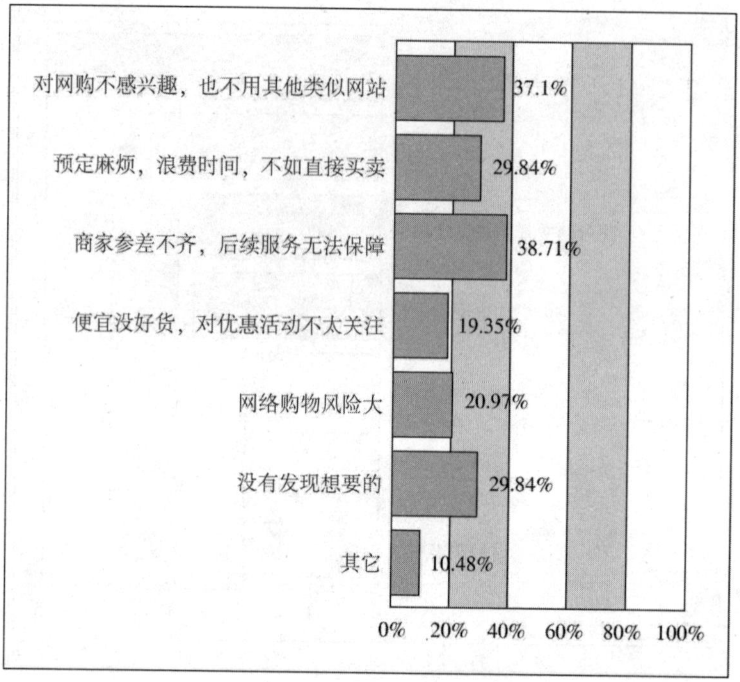

图 5-20　样本未使用美团因素

3. 假设验证分析

验证假设1　青少年美团团购消费与其性别相关（见表5-1）

表 5-1 样本性别和团购频率关系

		您平时多长时间参加一次团购				合计
		每天	每周	每月	每季度	
性别	男	8	35	109	75	227
	女	8	45	128	60	241
合计		16	80	237	135	468

卡方检验

渐进 Sig.（双侧）		值	df
Pearson 卡方	1.142[a]	3	.767
似然比	1.144	3	.767
线性和线性组合	.714	1	.378
有效案例中的 N	468		

a. 2 单元格（25.0%）的期望计数少于 5。最小期望计数为 1.94。

如果 P＜0.05，接受原假设；如果 P＞0.05，拒绝原假设。由图可知 P＝0.767＞0.05，则原假设不成立，青少年美团团购消费与其性别相关性不明显。

验证假设 2　青少年使用美团的频率收到其经济状况影响（见表 5-2）

表 5-2　样本经济条件和使用美团频率关系

每月可支配的生活费*您平时多长时间参加一次团购交叉制表

		您平时多长时间参加一次团购				合计
		每天	每周	每月	每季度	
每月可支配的生活费	600 以下	0	0	8	14	22
	600—1000	2	6	48	21	77
	1000—1500	3	18	75	44	140
	1500—2000	6	25	64	32	127
	2000 以上	4	26	47	25	102
合计		15	75	242	98	468

卡方检验

	值	df	渐进 Sig.（双侧）
Pearson 卡方	22.6147[a]	12	.031
似然比	23.680	12	.022
线性和线性组合	4.090	1	.043
有效案例中的 N	468		

a. 11 单元格（55.0%）的期望计数少于 5。最小期望计数为 .45。

如果 P＜0.05，接受原假设；如果 P＞0.05，拒绝原假设。由图可知 P＝0.031＜0.05，则原假设成立，认为青少年使用美团的频率收到其经济状况影响。生活费较高的青少年参加团购频率和次数较多，生活费较少的青少年参加团购的次数较少。

验证假设3 青少年美团团购消费行为受其年龄影响（见表5-3）

表5-3 样本年龄与使用频率的关系

		您平时多长时间参加一次团购				合计
		每天	每周	每月	每季度	
年龄	13—15	0	0	2	11	13
	16—18	0	15	15	34	64
	19—21	4	23	49	38	114
	22—24	8	39	151	16	214
	25—27	4	10	23	26	63
合计		16	87	240	125	468

卡方检验

	值	df	渐进 Sig.（双侧）
Pearson 卡方	29.669[a]	12	.003
似然比	30.890	12	.002
线性和线性组合	6.422	1	.011
有效案例中的 N	468		

a. 12 单元格（60.0%）的期望计数少于5。最小期望计数为.10。

如果P＜0.05，接受原假设；如果P＞0.05，拒绝原假设。由图可知P＝0.003＜0.05，接受原假设，青少年美团团购消费行为与其年龄有相关性。年龄在18岁以下的青少年参加团购的次数远低于18岁以上的青少年。

验证假设 4　青少年美团团购消费受其学历影响（见表 5-4）

表 5-4　样本学历和使用美团频率关系

		您平时多长时间参加一次团购				合计
		每天	每周	每月	每季度	
文化水平	初中	0	4	4	38	46
	高中	0	4	23	15	42
	专科	0	0	19	19	38
	本科	15	68	191	64	338
	8	0	4	0	0	4
合计		15	80	237	136	468

卡方检验

	值	df	渐进 Sig.（双侧）
Pearson 卡方	31.496[a]	12	.002
似然比	31.363	12	.002
线性和线性组合	17.242	1	.000
有效案例中的 N	468		

a. 14 单元格（70.0%）的期望计数少于 5。最小期望计数为 .03。

如果 P＜0.05，接受原假设；如果 P＞0.05，拒绝原假设。由图可知 P＝0.002＜0.05，则接受原假设，青少年美团团购消费行为与其学历具有相关性。高中及以下学历的青少年团购的频率明显低于专科和本科学历的青少年。

验证假设 5　青少年美团团购消费行为受到团购价格和团购

方式影响（见表5-5）

表5-5 美团团购吸引样本因素

	值	df	渐进 Sig.（双侧）
Pearson 卡方	23.022[a]	18	.020
似然比	23.401	18	.176
线性和线性组合	.230	1	.631
有效案例中的 N	468		

a. 20 单元格（71.4%）的期望计数少于 5。最小期望计数为 .06。

上图中关键看第一行 P 值，如果 P＜0.05，接受原假设；如果 P＞0.05，拒绝原假设。由图可知 P＝0.020＜0.05，则接受原假设，青少年美团团购消费行为与团购价格和团购方式影响。

七、小结

综上，可以发现这次青少年美团使用情况的调查主要集中在19－24 岁之间，其比例高达 74.19%。青少年时期处在人生的特殊阶段，他们对社会有着特殊的认知。他们对社会环境的变化最为敏感，消费意识也表现出了多变的特点。在调查中，有数据分析我们可以得知，青少年月生活费大概集中在 600－1500 之间，其中 600－1000 之间的比例为 34.68%，1000－1500 之间的比例为 27.42%。虽然青少年在经济上还没有完全独立，但他们却是消费创新的主力军。他们在消费的过程中容易受新产品的诱惑，迫切需要参照群体作为认同模仿的参照物。正如福纳斯所形容的，青少年群体在学校、家庭、公共空间来回地穿梭，迫切地探求各种从同伴和传播媒介那里观察到的可供选择的生活方式、规范和理想，为走向成人的独立生活做好各方面的准备[①]。

从调查数据中我们可以看到影响青少年团购的主要因素在于青少年自身经济能力、青少年个体特征、参照群体的影响和团购网站的活动。青少年在美团消费的要求会主要定在价格便宜、团购方便、支付快捷、省时、商品种类丰富。价格优惠、促销活动、网站信誉、方便快捷成为吸引青少年参加美团团购的主要因素。另外，团购活动的宣传和推广也在一定程度上吸引着青少年。从调查中我们可以看出青少年消费品种主要是餐饮、电影 KTV、酒店。这一定程度上符合了青少年自身特点。

在调查中还发现，美团团购网站信息提供渠道推动和引导着青少年的团购消费，如果青少年周围有参加团购经历的亲戚朋友能够促使很多青少年尝试参加团购。

在调查中 18.55％的青少年表示知道但是没有使用过美团。调查数据显示 38.71％的青少年表示参加团购网站的商家参差不齐，后续服务无法保障；37.1％的青少年表示对团购网站不感兴趣；29.84％的青少年嫌麻烦不如直接到场消费；29.84％的青少年表示没有发现自己想要购买的。总的来看无团购经历的青少年对团购的认识上保持中立，他们对网上团购没有太多关注也可能

---

① 云天．青少年网上消费的特点［J］．北京工人，2000（05）：35－36．

找不到适合自己的产品，对团购的态度中立，热情不高。综合之前青少年月生活费情况，我们还可以看出青少年生活费的局限性以及没有专门的青少年团购网，这些在一定程度上抑制了青少年的消费需求。

青少年法律意识不高，社会经验不足，在美团团购的使用消费中可能会遇到一些问题，例如，商家态度不好、时间限制不合理、实际消费加钱、网站线上线下衔接不到位等问题。对此，青少年应该加强自身消费维权意识，在团购下单之前详细阅读有关说明，明确消费规则。另外，美团网站应该进一步做好桥梁作用，为消费者和商家创造价值。

第六章　青少年使用“与陌生人交往类”社会化媒体调查

一、引言

2010年QQ邮箱推出“漂流瓶”，将输送储藏信息的漂流瓶搬到线上，吸引着用户结交陌生人。微信是腾讯公司于2011年1月21日推出的一款支持多人群聊的手机聊天软件，其一被推出即就带有基于位置的服务（LBS）的“查看附近的人”和“摇一摇”功能。其中“查看附件的人”功能将你想交往“约见”的人限定在你的附近，并能准确定位并告知你与对方的距离，使“约见”扫除了空间阻碍，并创造了一种“心照不宣”的交往情景，因为注册并使用该功能的用户都清楚它是用来“约见”的，双方无须多言，这样一来“约见”便大大降低了交流的成本，从而，空间阻碍的扫除与交流成本的节省，使“约见”即可在极短时间内得以达成，这种“心照不宣”的微妙性以及“赤裸裸”的刺激与诱惑，使用户尤其是青少年用户使用它并通过它“约见”陌生人的兴趣被激烈地调动起来，诸多青少年开始跃跃欲试并亲身实践，尝试和体会这种诱惑与刺激。这也使更多的社会化媒体技术开发商看到了巨大的商机，纷纷开发“约见”陌生人的软件或功能。2011 年 8 月，一款专门用于陌生人之间交往的社会化媒体“陌陌”被推出，陌生人之间交往出现了专门的社会化媒体而不是某一社交软件的某一功能。2012 年，QQ 也在其软件上加入了“附近的人”功能。

本章试图通过实证研究，呈现青少年使用这些社会化媒体“附近的人”等功能与陌生人交往的图景概貌，包括使用媒体的种类、频率，交往动机、交往程度、性别偏好、交往结果等，并通过变量交叉分析，探讨人口统计学上的差异，重点研究青少年通过社会化媒体“约见陌生人”之后的交往结果，揭示青少年通过社会化媒体“约见”陌生人可能的隐患，为更好地认识这一迅速发展的、必须引起重视并加以引导和规范的“社会事实”提供现实材料。

二、研究方法

1. 调查实施

本章运用问卷调查研究方法，采取的是非概率抽样，但综合考虑了样本的代表性。分别在东部、西部、南部、北部、中部选择具有代表性的上海、成都、南宁、北京、芜湖等五地，每地委托 3—5 名人员成立调查小组，在尽量保证不同人口背景变量在样本的分布上均具有一定比例的基础上发放纸制自填式问卷 200 份，五地共发放 1000 份，回收 968 份，回收率为 96.8%，经分析，共 933 份问卷有效，有效回收率约为 93.3%。

2. 概念操作化

(1) 青少年

本章考虑到 14 岁的青少年尚处于初中低年级，其接触和使用陌生人交往类社会化媒体的可能性较低，故将研究对象青少年的年龄稍作修正，即把 15—28 周岁的青少年作为本课题的研究对象。

（2）与陌生人交往的社会化媒体

在国内，目前用来和陌生人交往的社会化媒体主要有微信摇一摇、微信附近的人、QQ 附近的人、QQ 邮箱漂流瓶、陌陌。本书研究的即是青少年使用这五类社会化媒体与陌生人交往的情况，重点研究青少年通过这些社会化媒体“约见”陌生人之后的交往结果，以揭示可能存在的隐患。

（3）陌生人

本书的“陌生人”仅指被调查对象通过特定的社会化媒体（即微信摇一摇、微信附近的人、QQ 附近的人、漂流瓶、陌陌等）进行交往（包括申请好友、添加好友、聊天、见面、发展为线下交往关系）的，且在通过这些社会化媒体进行交往之前原本不认识的人，不包括调查对象通过其他任何途径结识的人。

（4）孤独感

现有的研究文献表明，孤独无聊是青少年使用社会化媒体种类和频率的重要的控制变量。青少年使用社会化媒体与陌生人交往的动机、结果也应受到其孤独程度的影响，因而本书将孤独程度（孤独感）作为变量加入到本次研究的测量之中。我们采用 UCLA 孤独量表（第三版），根据查调查对象的特点，进行一定的修正，设置 9 个问题，从“从不”到“一直”，最低分 1 分，最高分 4 分（见表 6－1）。

表 6-1　孤独感量表

	从不	有时	经常	一直
你感到和周围的人无话可说吗？				
你感到自己缺少同伴吗？				
你感到寂寞吗？				
你觉得自己是某个交际圈的一员吗？				
你觉得自己和周围的人有很多共同点吗？				
你觉得自己身边没有任何关系亲密的人吗？				
你觉得自己是开朗和友好的吗？				
你感到自己和别人亲近吗？				
你感到自己被孤立吗？				

3. 样本人口统计学分布

样本含在校生和非校生，其中在校高中生（320 人）、在校大专生（82 人）、在校本科生（249 人）、在校研究生（含硕士 83 人和博士 2 人）和非在校生（74 人），以在校本科生和在校高中生为主。

从学校来看，中学生所在的学校包括安徽师范大学附属中学、仙台中学等重点高中和其他非重点中学共 15 所。大学生（含大专生）所在学校包括 985 高校、211 高校、普通高等院校以及高职高专院校共 29 所，囊括我国东部、南部、西部、北部地区，涵盖了一本、二本、三本和专科。

从年龄上来看，样本的年龄从15—28岁均有分布，主要集中在15—25岁间。

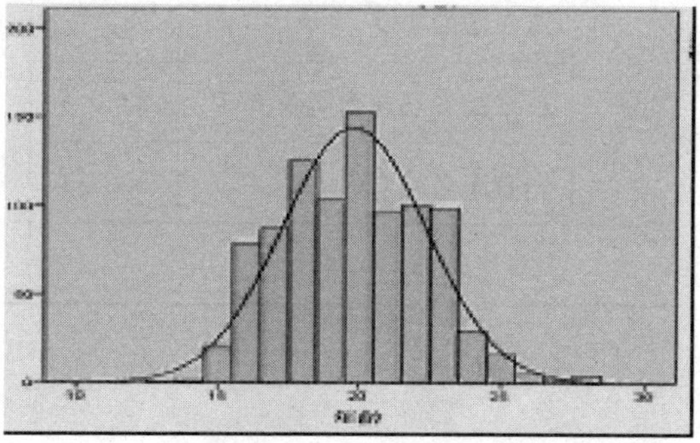

图6-1 样本年龄分布图

从性别来看，样本含男性466人，女性462人，缺失值5，男女性别比近似1∶1。

表6-2 样本性别分布表

性别	人数（人）
男生	466人
女生	462人
缺失	5人

从婚恋状态来看，样本已婚者18人（1.9%），未婚888人（95.2%），缺失值27。未婚者包括正在恋爱的280人（30%），曾经恋爱但现在未恋爱的273人（29.3%）以及一直未恋爱的335人（35.9%）。

表 6-3 样本婚恋状态分布表

已婚	18			1.9%
未婚	888	正在恋爱 280	30%	95.2%
		曾经恋爱现在未恋爱 273	29.3%	
		一直未恋爱 335	35.9%	
缺失	27			2.9%

三、结果分析

1. 频数和种类：使用者约八成，男性青少年更“露骨”

在 spss 中将媒体种类、频数变量与性别进行交叉分析，呈现结果如表 6-4 所示：

表 6-4 使用社会化媒体的种类和频数

		所使用的社会化媒体种类				
		微信摇一摇	微信附近的人	QQ 附近的人	QQ 邮箱漂流瓶	陌陌
性别	男性	81.9%	79.3%	89.7%	80.8%	68.3%
	女性	79.6%	78.5%	84.6%	85.6%	28.3%

从使用五类媒体总频数来看，男性（400%）比女性（356.6%）要高。表 2 的数据还表明，约八成青少年都使用过“QQ 附近的人”“微信摇一摇”“QQ 邮箱漂流瓶”“微信附近的人”四大媒体。

从媒体偏好来看，男性使用与陌生人交往的社会化媒体频次从高到低的顺序依次为“QQ 附近的人”（ 89.7%）、“微信摇一摇”（81.9%）、“QQ 邮箱漂流瓶”（ 80.8%）、“微信附近的人”（ 79.3%）、“陌陌”（68.3%）。女性依次为“QQ 邮箱漂流瓶”（ 85.6%）、“QQ 附近的人”（ 84.6%）、“微信摇一摇”（79.6%）、“微信附近的人”（78.5%）、“陌陌”28.3%。

结果显示，相对于男性，女性更倾向于使用相对含蓄的社会化媒化媒体，而男性则更倾向于更为直接、“露骨”的社会化媒体。这从两个方面可以看出：第一，女性使用最多的是相对较为含蓄和委婉的“QQ 邮箱漂流瓶”，而男性是“QQ 附近的人”；第二，女性中使用过专门用于与陌生人聊天和“约”见的社会化媒体“陌陌”的只占 28.3%，而男性则达到 68.3%。

2. 交往动机：无聊是重要诱因，男性持不良动机是女性的近十倍，孤独感诱发不良动机

在 spss 中对青少年使用社会化媒体与陌生人交往的动机频数分布进行分析以及对性别和“动机”变量集进行交叉分析，经过整理后呈现表 6 - 5：

表 6-5 性别与交往动机交叉表

交往动机	正常婚恋对象	非正常婚恋对象	暧昧关系	寻找红颜知己	寻找一夜情	拓展人脉	好奇	无聊	推销商品	非法目的
男性	7.4%	1.8%	3.6%	7.8%	1.8%	32.5%	15.7%	23.5%	4.7%	1.1%
女性	5.8%	0.3%	0.5%	6.0%	0%	34.1%	16.2%	29.9%	6.9%	0.3%
整体	6.6%	1.1%	2.2%	7.05	1.0%	33.2%	16%	26.5%	5.7%	0.7%

从整体上看，表 3 的数据表明：青少年使用社会化媒体和陌生人交往最大的动机是为了拓宽人脉，所占比例为 33.2%；第二是纯属无聊，所占比例为 26.5%；第三是纯属好奇，所占比例为 16%。随后，依次为：寻找红颜知己（7.0%）、寻找正常的婚恋对象（6.6%）、推销商品（5.7%）、发生暧昧关系（2.2%）、寻找婚外恋或第三者等非正常的恋爱对象（1.1%）、寻找一夜情或性伴侣（1%）、出于非法目的（0.7%）。

从性别和动机的交叉分析来看，男性使用社会化媒体与陌生人交往排在前三名的动机分别为：拓展人脉（32.5%）、纯属无聊（23.5%）、纯属好奇（15.7%）。女性排在前三名的动机与男性相同，只是比例略有差别，拓展人脉的所占比例为 34.1%；因纯属无聊的所占比例 29.9%，因纯属好奇的所占比例为 16.2%。

需要引起重视的是，男性中有 1.8%是为了寻找非正常婚恋对象，3.6%是为了发生暧昧关系，1.8%是为了寻找一夜情，女性与此对应的比例分别为 0.3%，0.5%，0%，男性持此三类“发展不正常关系”的动机共占 7.2%，是女性（0.8%）的 9 倍。

受访者的性别与此三类动机均有显著的相关性（见表 6－6）。若再加上非法目的的动机，男性持“不良”动机（8.3%）是女性（0.84%）的近 10 倍。

表 6－6 性别与不良交往动机交叉表

交往动机		非正常恋人	发生暧昧关系	寻找一夜情	非法目的
性别	男	1.8%	3.6%	1.8%	1.1%
	女	0.3%	0.5%	0	0.4%
	相关性	0.107*	0.152**	0.130**	0.074
	P－	0.021	0.001	0.005	0.109

我们再引进孤独感变量，将其与交往动机进行交叉分析，呈现表 6－7：

表 6－7 孤独感与交往动机相关性分析表

交往结果		正常恋人	非正常恋人	发生暧昧关系	红颜知己	一夜情	扩展人脉	纯属好奇	纯属无聊	推销商品	非法目的
孤独感	相关性	－0.041	－0.106*	－0.071	－0.171**	－0.105*	0.060	－0.099	－0.153**	－0.009	－0.050
	P－	0.372	0.022	0.124	0.000	0.023	0.197	0.062	0.001	0.846	0.283

数据显示：孤独感与寻找非正常婚恋对象、寻找红颜知己、寻找一夜情和纯属无聊的假设检验值分别为 0.022、0.000、0.023、0.001，均小于 0.05，说明孤独感与寻找非正常婚恋对象、寻找红颜知己、寻找一夜情和纯属无聊的动机均有显著的相关性。结果表明：越是孤独的青少年，就越有可能持有寻找非正常婚恋对象、寻找红颜知己、寻找一夜情的动机。因此，我们认为，丰富和充实青少年的业余生活，降低其孤独感，是我们引导

青少年在社会化媒体使用过程中树立正确的交往观的重要方向。

3. **交往程度：超两成青少年与陌生人见过面，失败的恋爱经历会鼓励青少年与陌生人见面**

在SPSS中将性别、婚恋状况变量与“交往程度”进行交叉分析，呈现下表6-8：

表6-8　性别、婚恋状况与交往程度交叉表

		未聊天	仅聊过天未见面	见过面
性别	男性	25.8%	48.5%	25.8%
	女性	35.2%	49.8%	14.5%
	显著性（双侧）	0.005		
	总体			20.2%
婚恋状况	已婚	0.0%	83.3%	16.7%
	未婚，正在恋爱	23.5%	52.2%	23.5%
	未婚，曾经恋爱，现在未恋爱	24.8%	49.0%	26.2%
	一直未恋爱	40.1%	48.1%	11.7%
	显著性（双侧）	0.000		

表6-8的数据表明，交往程度与性别、婚恋状况均有显著的相关性，假设检验值分别为0.005和0.000，均小于0.05。近一半的青少年（男性48.5%，女性49.8%）仅与陌生人聊过天但未见面，20.2%的青少年至少与一个陌生人见过面。其中，25.8%的男性青少年和14.5%的女性青少年至少与一个陌生人见过面，男性多于女性（见表6-8）；“一直未恋爱”的青少年与陌生人见

面的比例最低，这可能是因为他们的年龄尚小，多数还处于中学阶段。一方面，没有足够的勇气面对与陌生人见面的潜在风险，另一方面，学校、家庭等社会纽带与他们的联系更紧，对他们有更强的社会控制功能；“曾经恋爱，现在未恋爱”的青少年与陌生人见面的比例最高（见表 6－8）。这说明有过恋爱经历，尤其是有过失败的恋爱经历的青少年更可能与陌生人见面。因此我们认为，曾经谈过恋爱的经验以及体验会鼓励和促使他们与陌生人尤其是异性陌生人见面。

4. 性别偏好：在动机上男性青少年更倾向于只与异性陌生人见面，但事实上只与异性见面的女性多于男性，动机与结果发生背离

将受访者自身性别与见面陌生人的性别进行交叉分析，得到表 6－9：

表 6－9　自身性别与见面陌生人性别交叉表

	只见过异性	只见过同性	两者均有
男	24.3％	1.4％	74.3％
女	35.6％	2.2％	62.2％
Pearson 相关性	0.236**		
显著性（双侧）	0.000		

可以看出，在与陌生人见过面的青少年当中，24.3％的男性只与异性（女性）见过面，35.6％的女性只与异性（男性）见过面。只见过同性而没见过异性的比例相当少，男性只有 1.4％，

女性只有2.2%。对好友的性别偏好与受访者自身的性别有显著的相关性，假设检验值为0.000。

前文已证实，男性寻找正常婚恋对象（7.4%）、寻找非正常婚恋对象（1.8%）、发生暧昧关系（3.6%）、寻找红颜知己（7.8%）、发生一夜情（1.8%）这五类只能与异性交往才能实现的动机共占20.6%，女性这五类动机只占12.6%（5.8%+0.3%+0.5%+6.0%+0%=12.6%），低于男性。一般习惯性地认为，男性更倾向只与异性见面，所以只与异性见过面的男性应该比女性多。我们的调查推翻了这一刻板认识。表7的数据表明，在与陌生人见过面的青少年当中，只与异性陌生人见过面的女性比只与异性见过面的男性多！出现了结果与动机的背离现象。我们认为，其中的主要原因有两点：第一，虽然男性最初更希望能够交往到更多的异性以实现此五类动机，但男性与陌生人未见面之前的交往过程具有更多的诱变因素，导致交往更具易变性，从而会出现更多的并非初衷的意外结果，比如更容易因共同的兴趣（如网络游戏等）因素的影响而诱使他们与同性见面，而女性与女性之间则相对缺乏相互交往的可持续性诱因。第二，男性和女性最大的动机都是“拓展人脉”，由于在当前的中国社会情景中，男性相对于女性更为强势的社会地位，资源呈现出性别的权力结构特征，女性也更可能通过与男性而非女性见面实现“拓展人脉”的动机，且男性也是更可能找男性“拓展人脉”，这也促使了女性实际上更可能与男性见面，同时，也增加了男性与男性见面的可能性。

5. 交往结果：见面后超两成青少年上当受骗，超一半的男性和超三成的女性青少年与见面对象发生“非正常关系”

表 6-10　性别与见面后的交往结果交叉表

交往结果		发生一夜情	长期性伙伴	没有联系	一般朋友	红颜知己	暧昧关系	非正常恋人	正常恋人	上当受骗	实现非法目的
性别	男	5.9%	11.6%	21.7%	84.3%	47.1%	29.2%	8.5%	29.4%	22.1%	7.4%
	女	4.7%	6.4%	11.6%	75.6%	42.2%	17.8%	9.1%	27.9%	20.9%	6.8%

可以看出，在见过面的青少年中，有 84.3%的男性和至少和 1 个陌生人成为了一般朋友，47.1%的男性至少和 1 个陌生人成为了红颜知己，29.4%的男性至少和 1 个陌生人成为了正常恋人，女性与此相对应的比例分别为 75.6%，42.2%，27.9%。这意味着青少年通过社会化媒体与陌生人交往后，确实大多数如愿地交到了正常的朋友和恋人。

然而，令人担忧的是与陌生人见面后，有超过两成的青少年（男性 22.1%，女性 20.9%）至少有过一次“上当受骗”的经历；共有 55.2%的男性和 38%女性青少年与见面对象发展成为“暧昧关系”“非正常恋人”“长期性伙伴”“一夜情”等非正常关系。其中，29.2%的男性和 17.8%的女性与见面对象存在“暧昧关系”，5.9%的男性和 4.7%的女性至少与某个见面对象发生过一次一夜情（1 次性关系），有 11.6%的男性和 6.4%的女性至少与某个见面对象保持长期性伙伴关系（与同一人 3 次以上的性关系）。

9.1%的女性和8.5%的男性至少与某个见面对象发展成为第三者或婚外恋等非正常婚恋关系。这里要指出的是，如果调查对象是所有人群，见面后与异性陌生人发生非正常关系的男性总数与女性总数在理论上应该相等，在实际结果上也应该无限接近，即：有一人次男性发生了非正常关系，就会对应一人次的女性。但由于我们的调查对象仅限于青少年，所以出现了男性青少年与女性青少年在与异性陌生人见面后发生非正常关系上的数量差异，也就是说导致这种绝对数量差异的原因是，与调查对象“青少年”见面的陌生人当中存在非调查对象“非青少年”人群，这也是必须要引起重视的问题。另外，还有7.4%的男性和6.8%的女性至少有一次成功地实施了非法行为。因此，青少年应慎“约”通过QQ、微信、陌陌等社会化媒体“搭”上的“附近的人”；同时对青少年使用社会化媒体与陌生人交往的引导、教育、控制、管理和规范也刻不容缓。

四、小结

通过以上分析，本章的一些重要研究发现有：(1) 八成左右的男性和女性都使用过“QQ附近的人”、“微信摇一摇”、“QQ邮箱漂流瓶”、“微信附近的人”四大媒体。男性比女性使用五类媒体总频数高。相对于女性，男性更倾向于使用更为直接和露骨的社会化媒化媒体。(2) 青少年使用社会化媒体和陌生人交往最多的三个动机是为了拓宽人脉、纯属无聊、纯属好奇。在寻找婚外恋或第三者、发生暧昧关系、寻找一夜情或性伙伴、出于非法目的等四个“不良”动机方面，男性是女性的近10倍，孤独感诱发不良动机。（3）对好友的性别偏好与自身的性别有相关性，男性更倾向只与异性见面；然而事实上，由于男性与陌生人交往的易变性、女性与女性之间缺乏交往的可持续性以及资源的性别权力结构，导致交往结果偏离了交往动机，只与异性陌生人见过面的女性比只与异性见过面的男性多。（4）交往程度与性别、婚恋状况均有相关性，男性中有更多的人至少与一个陌生人见过面，“曾经恋爱，现在未恋爱”的青少年与至少一个陌生人见面的比例最高。曾经谈过恋爱的经验以及体验会鼓励和促使他们与陌生人尤其是异性陌生人见面。（5）青少年通过社会化媒体与陌生人见面后，八成左右的青少年确实成功地至少交到了1个正常的朋友和恋人，但也发展了一定的非正常关系甚至实施违法犯罪行为或遭遇“上当受骗”，其中遭遇上当受骗的青少年就有两成，发展为非正常关系的男性青少年有一半以上，女性有三成以上。青少年在使用社会化媒体“约”见陌生人应小心谨慎；对青少年使用社会化媒体与陌生人交往的引导、教育、控制、管理和规范也刻不容缓。

第七章　大学生使用社会化媒体调查

考虑到大学生作为青少年的特殊群体，其使用社会化媒体的基本情况以及社会化媒体对大学生的影响相对于其他青少年群体应具有特殊性，故本章专门对大学生使用各类社会化媒体的总体情况以及不同社会化媒体对大学的影响进行调查研究。呈现出大学生使用社会化媒体的种类偏好；并通过交叉分析，探讨大学生人口统计学特征与六类社会化媒体的使用频率、动机的相关性；揭示各类社会化媒体对大学生的不同影响；为规范社会化媒体管理，引导和教育大学生正确使用社会化媒体提供方向和思路。

一、研究方法

1. 问卷发收

本章采取问卷调查研究方法，主要是发送自填式问卷。抽取28所高校（包括985高校、211高校以及普通高等院校，涵盖全国东部、中部以及西部地区，如华东政法大学、福州大学、安徽工程大学、南京审计学院、兰州大学、重庆交通大学等）的930名大学生，通过寄送纸制问卷进行调查。另外，我们还通过问卷星辅以170份的网络在线问卷调查。收回问卷共966份，其中线下纸制问卷796份，线上问卷170份。有效问卷943份，其中线下纸制问卷773份，线上问卷170分，有效回收率约为86％。

2. 概念操作化

（1）大学生

本章所指的大学生特指在校在籍的全日制本科生，不包括专科生、研究生（硕士生、博士生）以及各类成人教育与继续教育的学生。

（2）社会化媒体对大学生的影响

将“社会化媒体对大学生的影响”操作化为学习、身体健康状况、人际交往、生活方式、社会行为、价值观和心理层面6个维度。此6个维度分别包括创新能力、独立思考能力、自控能力、学习态度、学习习惯；体质；人际沟通、人际合作和人际关系；生活习惯（生活作息习惯、饮食习惯）和运动习惯；参与公益活动、逃课、使用不文明语言、听信谣言；情感、金钱观、自信心、媒体依赖性、自我保护心理等指标。

3. 样本人口统计学特征

在有效样本中，男生397人（42.1%），女生人545（57.8%），缺失值1；文科生535人（56.7%），理工科373人（39.6%），缺失值35；大一212人（22.5%），大二374人（39.7%），大三274人（29.1%），大四81人（8.6%），缺失值2；年龄最小值为17岁，最大值为26岁，众数为20岁，平均年龄为20.5岁，方差为2.058，标准差为1.434，缺失值18。

表7-1 样本性别统计表

性别	人数	所占比例
男生	397人	42.1%
女生	545人	57.8%
缺失	1人	0.1%

表 7-2　样本文理科人数统计表

	人数	所占比例
文科生	535 人	56.7%
理工科	373 人	39.6%
缺失	35 人	3.7%

表 7-3　样本年级人数统计表

	人数	所占比例
大一	212 人	22.5%
大二	374 人	39.7%
大三	274 人	29.1%
大四	81 人	8.6%
缺失	2 人	0.1%

来自直辖市 43 人（4.6%），来自省会城市的有 87 人（9.2%），来其他类型城市的有 172 人（18.2%），来自县城的有 176 人（18.7%），来自乡镇的有 118 人（12.5%），来自农村的有 345 人（36.6%），缺失值 2。受访者认为自己性格非常外向的有 49 人（5.2%），认为自己性格比较外向的有 285 人（30.2%），认为自己性格是中性的有 377 人（40.0%），认为自己性格比较内向的有 220 人（23.3%），认为自己性格非常内向的有 11 人（1.2%），缺失值 1。

表 7-4　样本生源统计表

	人数	所占比例
来自直辖市	43	4.6%
来自省会	87	9.2%
来自其他类型城市	172	18.2%
来自县城	176	18.7%
来自乡镇	118	12.5%
来自农村	345	36.6%
缺失	2	0.2%

表 7-5　样本性格自我认知统计表

	人数	所占比例
性格非常外向	49	5.2%
比较外向	285	30.2%
中性	377	40.0%
比较内向	220	23.3%
非常内向	11	1.2%
缺失	1	0.1%

受访者每月的生活费有 438 人（46.4%）为 501—1000 元，351 人（37.2%）为 1001—1500 元，78 人（8.3%）是 1501 元以上，67 人（7.1%）是 500 元以下，缺失值 9；每月所用的网络流

量极大值为 50000 兆，极小值为 10 兆，均值为 765.42 兆，众数为 300 兆，缺失值 25。

表 7－6 样本每个月生活费统计表

金额	人数	比例
501—1000 元	438	46.4%
1001—1500 元	351	37.2%
1501 元以上	78	8.3%
500 元以下	67	7.1%
缺失	9	1%

婚恋方面，397 人（42.1%）从未恋爱过，280 人（29.7%）现在未恋爱，但曾经恋爱过，246 人（26.1%）正在恋爱中，另有 5 人已婚，缺失值 15。

表 7－7 样本婚恋状况统计表

	人数	所占比例
从未恋爱过	397	42.1%
现在未恋爱，曾经恋爱过	280	29.7%
正在恋爱	246	26.1%
已婚	5	0.5%
缺失	15	1.6%

二、结果统计与分析

（一）频率

1. 总体偏好：QQ 和微信

无论从使用频率还是喜爱程度来，排在前三的均是腾讯 QQ、QQ 空间、微信。我们在六大类媒体中每类选取具有代表性的媒体，从“从不使用”到“经常使用”，设置 4 个梯级，分值对应 1—4 分。结果显示，使用频率最高的三个分别腾讯 QQ (3.6277)、QQ 空间（3.4239)、微信（3.2137)，而后由高到低依次为优酷视频（2.9407)，百度百科（3.0480)、新浪微博 (2.8737)、百度贴吧（2.5633)、酷我音乐（2.3391)、今日头条 (1.9060)、人人网（1.9051)、天涯社区（1.5131)（见表 7-8)。

同样，我们针对以上媒体，设置喜爱程度的 1—6 个等级，对应 1—6 分。排在前三的依然是腾讯 QQ（4.5705)、QQ 空间 (4.2667)、微信（4.1599)，而后依次为百度百科（3.9373)、优酷视频（3.9419)、新浪微博（3.7711)、百度贴吧（3.4033)、酷我音乐（3.2706)、今日头条（2.7286)、人人网（2.5913)、天涯社区（2.1663）（见表7－8）。

由此我们发现，第一，QQ和微信因其较强的实用性以及功能的全面性成为大学生中最常使用和最为喜爱的两类社会化媒体；第二，大学生对社会化媒体的喜爱程度与使用频率基本一致，细微的区别仅是：使用频率排在第四位的百度百科在喜爱程度上落后了一位，排在了第五位。这是因为大学生使用百度百科并非全部出于兴趣，还有迫于各类需要搜索信息而被动使用。

表7－8 社会化媒体使用频率与喜爱程度均值分析表

社会化媒体分类	使用工具	使用频率 均值（Mean）	喜爱程度 均值（Mean）
自我展示类	新浪微博	2.8737	3.7711
	QQ空间	3.4239	4.2667
自由讨论类	百度贴吧	2.5633	3.4033
	天涯社区	1.5131	2.1663
社会交往类	人人网	1.9051	2.5913
内容分享类	优酷视频	2.9407	3.9419
	酷我音乐	2.3391	3.2706
	今日头条	1.9060	2.7286
集体协作类	百度百科	3.0480	3.9373
即时通讯类	微信	3.2137	4.1599
	腾讯QQ	3.6277	4.5705

2. 自我展示类：文科类女生高于理工类男生

群体的性别、专业与自我展示类社会化媒体的使用频率存在显著性差异。结果显示，女性群体和文科生群体使用自我展示类社会化媒体的频率分别高于男性群体和理工科生群体（见表7-9）。这是因为文科生由于其专业的人文性特点，相对于理科生更为热衷于微博等自我展示类社会化媒体；而女生因其性别上的更为含蓄性相对于男生更愿意选择在网络虚拟社区进行“自我展示”。

表7-9　性别、专业与自我展示类媒体使用频率交叉表

	使用频率			
	均值		Eta值	P值（sig.）
性别	男	2.6170	0.204**	0.000
	女	3.0597		
专业	文科	3.0019	0.021**	0.000
	理科	2.6866		

注：* P<0.10，** P<0.05（下同）

另外，年级、户口、来自于不同类型的城市、是否是独生子女、每月生活费、家庭月收入和每月所用流量与自我展示类社会化媒体的使用频率也存在显著性差异，高年级、非农业户口、来自于城镇、独生子女、高生活费、高收入家庭、高数据流量群体分别高于低年级、农业户口群体、来自于农村、非独生子女、低

生活费、低收入家庭、低数据流量群体。群体的恋爱状况、性格、恋爱时间与自我展示类社会化媒体的使用频率不存在显著性关系（表略）。

3. 自由讨论类：专业性别无差异，独生子女和非农群体受吸引

群体的性别、专业与自由讨论类媒体的使用频率不存在显著相关性。群体的户口、是否是独生子女对于自由讨论类社会化媒体的使用频率存在显著性差异。结果显示，非农业户口的群体使用自由讨论类社会化媒体的频率远远高于农业户口群体，独生子女高于非独生子女群体（见表 7－10）。因此我们认为，非农业户口和独生子女的大学生群体更热衷于通过自由讨论类社会化媒体行使话语权利。

表 7－10　性别、专业、户口、是否是独生子女与自由讨论类媒体使用频率交叉表

	使用频率			
	均值		Eta 值	P 值（sig.）
性别	男	2.5788	0.013	0.691
	女	2.5511		
专业	文科	2.6058	0.043	0.197
	理科	2.5138		
户口	农业	2.4551	0.117**	0.000
	非农	2.7007		
			皮尔逊系数	P 值（sig.）
是否是独生子女	独生	2.6444	0.070**	0.035
	非独	2.4980		

另外，来自于不同类型的城市、性格、每月生活费、恋爱时间、家庭月收入、来源地等与使用自由讨论类社会化媒体的频率也存在显著相关性；而大学生群体的恋爱状况、年级、年龄、每月所用流量对于自由讨论类社会化媒体的使用频率不存在显著性差异。

4. 社会交往类：性别无差异，高年级文科生较活跃

数据表明，群体的性别与使用社会交往类媒体的频率没有显著相关性。而群体的专业、年级与社会交往类社会化媒体的使用频率均存在显著性差异。调查显示，高年级和文科生使用社会交往类社会化媒体的频率分别高于低年级和理科生（见表 7-11），这可能与高年级学生扩大社会交往的需要和文科生的人文特点及其相对轻松的学习任务有关。

表 7-11　性别、专业、年级与社会交往类媒体使用频率交叉表

	使用频率			
	均值		Eta 值	P 值（sig.）
性别	男	1.9351	0.024	0.461
	女	1.8851		
专业	文科	1.9518	0.084**	0.013
	理科	1.7830		
			斯皮尔曼系数	P 值（sig.）
年级			0.192**	0.000

另外，户口、是否独生子女、来源地、恋爱状况、每月生活费、年龄、家庭月收入、每月所用流量与社会交往类媒体的使用频率也存在显著相关性。非农业户口、独生子女群体、高生活费、高收入家庭群体、高手机使用流量群体使用频率分别高于农业户口、非独生子女、低生活费、低收入家庭、低数量使用流量群体；正在恋爱中和已婚的被调查者高于现在未恋爱但曾经恋爱过的被调查者和从未恋爱过的被调查者。

5. 内容分享类：性别专业无影响，低年级非独生子女更偏爱

数据表明，群体是否是独生子女、年级与内容分享类社会化媒体的使用频率存在显著性差异。非独生子女使用内容分享类社会化媒体的频率高于独生子女。被调查者的年级越低，使用内容分享类社会化媒体的频率越高（见表 7 - 12）。

表 7 - 12　性别、专业、是否独生子女与内容分享类媒体使用频率分析

	使用频率			
	均值		Eta 值	P 值（sig.）
性别	男	2.3463	0.005	0.885
	女	2.3346		
专业	文科	2.2948	0.051	0.126
	理科	2.4208		
是否是独生子女	独生	2.2054	0.099**	0.003
	非独	2.4447		
			斯皮尔曼系数	P 值（sig.）
年级			−0.082**	0.013

群体的性别、专业、户口、来自于不同类型的城市、恋爱状况、性格、每月生活费、恋爱时间、年龄、家庭月收入、每月所用流量与内容分享类社会化媒体的使用频率不存在显著性差异（表略）。

6. 集体协作类：文科类女生高于理工类男生

数据表明，群体的性别、专业对于集体协作类社会化媒体的使用频率存在显著性差异，女生使用集体协作类社会化媒体的频率高于男性，文科生高于理科生（见表 7－13），这说明文科生和女生相对更热衷于通过集体协作类媒体搜索与学习生活相关的信息。

表 7－13　性别、专业与集体协作类媒体使用频率交叉表

使用频率			
均值		Eta 值	P 值（sig.）
男	2.9273	0.107**	0.001
女	3.1358		
文科	3.1409	0.109**	0.001
理科	2.9313		

群体的年级、每月生活费、恋爱时间、年龄、家庭月收入、每月所用流量与集体协作类社会化媒体的使用频率均无显著性相关关系。

7. 即时通讯类：性别专业无影响，低年级农业户口及非独生子女较喜欢

数据表明，性别、专业与即时通讯类媒体的使用频率无显著性差异，年级、户口、是否是独生子女与即时通讯类社会化媒体的使用频率存在显著性差异。结果显示，年级越低的大学生使用即时通讯类社会化媒体的频率越多；非独生子女高于独生子女；农业户口高于非农业户口（见表 7-14）。

表 7-14 部分人口统计学特征与即时通讯类媒体使用频率交叉表

	使用频率	
	Eta 值	P 值（sig.）
性别	0.060*	0.067
专业	0.039	0.248
户口	0.121**	0.000
是否是独生子女	0.104**	0.002
	斯皮尔曼系数（spearman）	P 值（sig.）
年级	−0.136**	0.000

另外，群体的、恋爱状况、性格、恋爱时间、家庭月收入、每月所用流量与即时通讯类社会化媒体的使用频率也不存在显著性差异。

（二）动机

1. 自我展示类：高年级男生重实用，低年级女生重情感

从整体上看，大学生使用自我展示类媒体动机排名前三依次是“与好友保持沟通”（68.2％）、“娱乐”（46.7％）、“关注社会热点”（33.7％）。随后依次为寻找学习生活工作方面有用信息（31.3％）、记录自己生活动态（29.3％）、拓展交际圈（22.5％）、分享视频音乐或图片资料（18.0％）、追随大众（4.2％）、打发无聊时光（2.4％）。将人口统计学与自我展示类媒体的使用动机交叉来看，高年级学生和男生使用自我展示类媒体相对于低年级和女生更带有工具性特征；而低年级学生和女生相对来说则更带有情感性特征。

数据显示，性别和“获取有用信息”“与好友保持沟通”“娱乐”“追随大众”四个动机有显著性差异。相对而言，男生比女生更倾向于获取学习生活工作方面有用信息；女生则比男生更热衷于“与好友家人保持沟通”以及“娱乐”。表明男生使用此类媒体更带有工具理性，而女生则更具有情感性特征（见表 7 - 15）。年级和“关注社会热点”、“获取有用信息”、“保持沟通”这些动机具有显著性的相关性。随着年级的增长，大学生通过此类媒体与好友保持沟通的兴趣逐年降低，而更多地是为了自身的实际需要。大三学生开始准备考研、考公务员、考编、各类考级考证的需要，

更加“关注社会热点”，大四的学生由于撰写毕业论文以及面临就业的压力，更倾向于获取对学习工作等有用的信息（见表7-15）。

表7-15 性别、年级与自我展示类媒体使用动机交叉表（单位：%）

	关注热点	获取信息	拓展交际	保持沟通	记录动态	分享视频	娱乐	追随大众	无聊	其他
男	33.7	35.7	25.6	61.8	26.2	17.0	41.5	5.8	2.2	0.6
女	33.7	28.6	20.5	72.7	31.4	18.8	50.4	3.0	2.5	0.8
卡方	0.952	0.030**	0.078	0.000**	0.082	0.480	0.008**	0.041**	0.812	0.716
大一	25.6	33.5	26.6	74.9	26.1	15.3	45.3	3.4	1.0	1.0
大二	37.3	26.5	22.1	70.7	30.4	16.6	49.4	4.1	3.3	0.8
大三	37.7	34.8	20.9	62.3	31.1	22.5	47.5	3.7	1.6	0.4
大四	24.7	39.0	18.2	59.7	26.0	18.2	36.4	7.8	3.9	0.0
卡方	0.005**	0.049**	0.380	0.011**	0.557	0.170	0.205	0.399	0.219	0.756

另外，是否为独生子女和“关注社会热点新闻”、“与朋友保持沟通”两个动机有显著相关。独生子女比非独生子女更加喜欢关注社会热点；而非独生子女比独生子女则更喜欢与好友保持沟通（表略）。专业性质、是否为农村户口者、成绩差异和使用自我展示类媒体动机之间没有显著的相关性。

2. 自由讨论类：独生男性显示存在感，非独生农业户口群体重视实用性

从整体上看，大学生使用自由讨论类媒体动机排名前三依次是“获取学习工作生活等方面有用信息”（59.0%）、“关注社会热点”（45.5%）、“娱乐”（39.3%）。而后依次是表达自己的观点（24.3%），与朋友保持沟通（21.4%），拓展交际（17.2%），记录生活动态（10.2%），无聊（4.7%），追随大众（4.3%）。交叉来看，独生子女、男生、非农业户口者使用此类媒体分别相对于非独生子女、女生、农业户口者更带有一定的自我表现性特征，更有显示自我存在感的动机；而非独生子女和农业户口者则更带有工具性特征，显得更加实在。

数据显示，性别和“记录自己的生活状态”、“表达自己的意见、观点和方法”、“追随大众”这些动机有显著性相关。男生比女生在使用该类媒体时记录自己的生活状态、表达自己的观点，追随大众的倾向更明显。是否为独生子女和“获取有用信息”、“表达观点”两个动机有显著性相关。独生子女相对于非独生子女更喜欢在自由讨论类媒体里表达观点；而非独生子女相对于独生子女更喜欢寻找学习、工作、生活方面有用信息，显得更为实在；是否为农业户口者和“关注社会热点”、“获取有用信息”、“记录自己的生活状态、“表达观点”这些动机存在显著性相关。农业户口者比非农业户口者更喜欢关注社会热点，寻找对学习、工作、生活有用的信息，记录自己的生活状态（见表 7－16）。

表 7-16 性别、是否独生、户口与自由讨论类媒体使用动机交叉表（单位：%）

	关注热点	获取信息	拓展交际	保持沟通	记录动态	表达观点	娱乐	追随大众	无聊	其他
男	47.9	55.4	19.8	18.8	13.2	29.7	35.6	6.9	5.3	1.7
女	44.0	61.9	15.6	23.5	8.1	20.5	42.3	2.6	4.4	3.0
卡方	0.357	0.059	0.3154	0.113	0.029**	0.005**	0.054	0.005**	0.616	0.229
独生	42.9	53.2	18.3	20.1	11.0	31.2	39.3	5.7	6.6	2.1
非独	47.8	64.3	16.5	22.8	9.5	18.5	39.8	3.3	3.3	2.8
卡方	0.159	0.001**	0.554	0.355	0.499	0.000**	0.833	0.111	0.073	0.560
农业户口	48.9	64.1	15.9	23.0	12.2	20.8	38.4	4.9	3.9	1.7
非农户口	41.2	53.3	19.2	19.8	7.7	28.5	40.9	3.7	5.9	3.4
卡方	0.034**	0.003**	0.251	0.289	0.045**	0.017**	0.522	0.434	0.316	0.144

3. 社会交往类：大四求帮助，大二最无聊

从整体上看，大学生使用社会交往类媒体动机排名前三的依次是“娱乐”（41.8%）、“交友”（认识有共同兴趣爱好的朋友）（36.5%）、“获取有用信息”（36.5%），而后依次是保持联系（30.2%），表达观点（28.7%），无聊（28.1%），发布视频（22.9%），求助（8.2%）。交叉来看，年级和“求助”（寻求建议、关怀、帮助）、“无聊”这些动机存在显著性相关。大四学生因面临就业、考研等压力，使用该类媒体更倾向于寻求相关方面

的帮助。研究还发现，大二学生因为“无聊”而使用交往类媒体的最多（37.1%）（见表7－17），这或许因为大二学生既已渐渐淡化了大一时的新鲜感，又尚未体会到大三大四时的学习和就业压力，因而打发更多的空闲“无聊”时光成为他们使用交往类媒体的一个重要原因。

表7－17　年级与社会交往类媒体使用动机交叉表（单位:%）

	交友	获取信息	保持联系	表达观点	发布视频	求助	娱乐	无聊	其他
大一	35.2	35.2	30.6	2.9	28.7	8.3	39.8	25.0	1.9
大二	40.7	38.3	29.3	24.0	22.8	3.6	44.9	37.1	2.4
大三	36.3	37.0	33.6	35.6	23.3	11.6	39.7	23.3	2.1
大四	26.0	34.0	24.0	30.0	12.0	14.0	42.0	20.0	4.0
卡方	0.287	0.929	0.666	0.151	0.269	0.029**	0.741	0.013**	0.937

4. 内容分享类：男生爱表现，女生图娱乐

从整体上看，大学生使用内容分享类媒体主要是“休闲娱乐”（86.5%），然后依次是“了解新闻资讯”（38.0%）、“查找学习视频资料”（27.8%）与发布视频（6.7%）。交叉来看，性别和“纯属休闲娱乐”、“了解新闻资讯”、“发布自己制作的视频”三个动机存在显著性差异。是否为农业户口者和“分享自己制作的视频”动机存在显著性相关。相对来说，男生和非农业户口者更有发布视频的表现性特征；女生比男生更持有休闲娱乐的动机（见表7－18）。

表 7-18　性别、户口与社会交往类媒体动机分析表（单位：%）

	娱乐休闲	了解新闻资讯	查找学习视频	发布视频	其他
男	82.8	43.3	32.0	9.6	4.9
女	90.7	35.2	25.6	4.8	3.3
卡方	0.000**	0.023**	0.050	0.009**	0.117
农业户口	87.7	38.3	28.3	4.8	5.2
非农户口	87.3	38.8	27.8	9.2	2.4
卡方	0.647	0.725	0.964	0.008**	0.064

另外，年级、专业、是否为独生子女、成绩和使用内容分享类媒体动机无显著性差异（表略）。

5. 集体协作类：女生找答案，男生偏无聊

从整体上看，大学生使用集体协作类媒体主要是为了“查找信息以完成学习任务”（75.1%），而后依次是“浏览信息拓展知识面”（63.0%）、“娱乐”（59.3%）、“闲逛”（12.0%）、“从众”（7.7%）和“无聊”（7.2%）。交叉来看，性别和“查找信息以完成学习任务”、“纯属无聊”两个动机存在显著性差异。是否为独生子女和“查找信息以完成学习任务”存在显著性差异。非独生子女和女生倾向于查找答案等信息，以完成学习任务；男生使用此类媒体相对于女生更偏向于打发无聊时光（见表 7-19）。

表 7-19　性别、是否独生与集体协作类媒体动机分析表（单位：%）

	拓展知识面	完成学习任务	娱乐	闲逛	从众	无聊	其他
男	64.3	66.8	57.8	11.4	8.9	10.2	4.0
女	62.7	81.2	60.8	12.4	7.0	5.3	0.6
卡方	0.759	0.000**	0.329	0.617	0.327	0.010**	0.001**
独生	63.1	70.8	59.4	13.1	8.9	7.5	1.4
非独	63.6	79.0	59.7	11.2	6.8	7.1	2.5
卡方	0.838	0.006**	0.902	0.423	0.286	0.822	0.260

另外，年级、专业、成绩和使用集体协作类媒体动机之间无显著性差异。

6. 即时通讯类：高年级独生男性重实用，非独生女性图娱乐

从整体上看，大学生使用即时通讯类媒体动机排名前三的依次是“与家人好友保持联系”（66.9%）、“表达”（自己的意见和观点、生活与经验）（39.6%）、“娱乐”（36.6%）；而后依次是“交友”（结识有共同兴趣爱好的朋友）（32.7%）、“获取新闻信息”（32.5%）、“分享视频、图片、音乐”（22.6%）、“无聊”（12.0%）、“寻找帮助”（11.0%）。交叉来来看，高年级学生、独生子女和男生相对于低年级、非独生子女和女生使用即时通讯类媒体更具有实用性特征；而非独生子女、女生和农业户口者则相对更带有情感性特征。

数据显示，性别和“交友”“获取信息”“和家人好友保持联

系”“娱乐”这些动机存在显著性相关。男生比女生更热衷于使用该类媒体结交朋友、获取信息。女生比男生更倾向于和家人好友保持联系，娱乐和分享视频、图片、音乐等。是否为农业户口者和“娱乐”动机有显著性相关。农业户口者更加喜欢通过使用该类获得娱乐。是否为独生子女和“获取信息”、“娱乐”。独生子女更加喜欢关注新闻、事实，非独生子女更倾向于通过该类媒体达到娱乐效果。年级和“获取信息”、“和家人好友保持互动”、“联系”三个动机有显著性差异。随着年级的增长，大学生考研考公务员考编制的需要和就业的压力，大学生使用该类媒体越来越倾向于获取相关信息，和家人好友的联系越来越少（见表 7-20）。

表 7-20　部分人口统计学特征与即时通讯类媒体使用动机交叉表（单位：%）

	交友	获取信息	保持联系	表达观点	分享视频等	求助	娱乐	无聊	其他
男	37.5	37.3	60.1	37.0	19.4	12.1	33.1	12.9	1.0
女	29.4	29.2	72.3	41.6	25.1	10.4	39.4	11.5	1.1
卡方	0.011**	0.012**	0.000**	0.138	0.039**	0.448	0.043**	0.563	0.918
农业	34.5	30.6	69.4	37.6	21.1	12.0	40.5	12.6	1.4
非农	30.5	35.3	64.3	42.5	24.8	10.0	32.3	11.3	0.6
卡方	0.198	0.142	0.098	0.137	0.197	0.333	0.010**	0.530	0.380
独生	32.7	35.9	64.9	39.9	23.5	10.4	32.9	11.6	1.5
非独	32.8	29.9	69.1	39.6	22.1	11.7	39.8	12.4	0.9
卡方	0.992	0.050	0.196	0.909	0.602	0.560	0.035**	0.728	0.302
大一	35.5	31.8	72.0	34.6	20.9	10.9	36.0	8.1	0.9

大二	33.3	30.6	67.5	37.7	24.3	9.8	38.3	13.9	1.1
大三	31.1	36.7	67.4	47.0	22.3	12.5	35.6	11.7	0.8
大四	28.6	29.9	53.2	37.7	20.8	13.0	35.1	15.6	2.6
卡方	0.608	0.404	0.029**	0.037	0.784	0.706	0.892	0.154	0.582

（三）社会化媒体对大学生的影响

1. 自我展示类和即时通讯类：利多弊少

结果显示，自我展示类媒体的使用频率与熬夜的可能性、参加公益活动的可能性、逃课的可能性、不使用带来的失落感、与现实朋友的关系的亲近性等呈正相关性，对学习的敷衍程度、对悲剧性事件的麻木性、金钱重要性的认同程度呈负相关性，与其他变量均不存在显著的相关性（见表7-21）。这表明使用自我展示类社会化媒体对于大学生的学习态度、公益行为、同情心、金钱价值观、人际关系等均产生了一定程度的积极作用；对生活规律（熬夜）、上课积极性会产生消极影响，并在心理上会产生一定的媒介依赖。但总体来说，还是利多弊少。

即时通讯类媒体的使用频率与大学生熬夜的可能性呈正相关，与对学习的敷衍程度、从不参加体育锻炼的可能性、逃课的可能性、对悲剧事件的麻木性呈负相关。与其他变量均不存在显著的相关性（见表7-21）。这表明使用即时通讯类社会化媒体对于大学生的生活规律产生了一定的消极作用；对大学生的学习态度、运动习惯、上课的积极性、同情心都产生了一定的积极作用。总的来说，也是利多弊少。

表 7-21 自我展示类媒体和即时通讯类媒体的使用频率与其影响交叉表

影响		自我展示类		即时通讯类	
		皮尔逊系数	P 值（sig）	皮尔逊系数	P 值（sig）
学习	视野开阔，想法新颖	0.051	0.125	0.060 *	0.068
	直接运用百度答案	0.021	0.527	0.027	0.423
	对学习持敷衍态度	−0.067**	0.043	−0.066**	0.045
生活方式	经常熬夜	0.125**	0.000	0.106**	0.001
	偏爱速食方便食品	0.030	0.362	−0.017	0.607
	从不参加体育锻炼	0.050	0.132	−0.099**	0.003
行为	参加公益活动	0.071**	0.031	0.038	0.255
	使用不文明语言	−0.011	0.736	−0.022	0.507
	沉浸于其中而逃课	0.135**	0.000	−0.081**	0.014
身体状况	体质很差	−0.037	0.260	−0.033	0.322
价值观和心理层面	对悲剧性事件很麻木	−0.142**	0.000	−0.065**	0.048
	认为金钱很重要	−0.078**	0.018	−0.055 *	0.098
	长时间不使用会有失落感	0.080**	0.016	0.032	0.333
人际关系	与现实好朋友关系亲近了	0.074**	0.025	0.057 *	0.083

2. 内容分享类和社会交往类：弊多利少

数据显示，内容分享类媒体的使用频率与大学生偏爱速食的可能性、从不参加体育锻炼的可能性、参加公益活动的可能性、使用不文明语言的可能性、逃课的可能性、与现实好友的关系的亲近性呈正相关。与其他变量均不存在显著的相关性（见表 7-22）。这表明使用内容分享类社会化媒体对于大学生的饮食习惯、运动习惯、文明素养、上课的积极性均产生了消极作用；对大学生的公益行为、人际关系均产生了一定的积极作用。总体来说，弊多利少。

数据显示，社会交往类媒体的使用频率与大学生偏爱速食的可能性、参加公益活动的可能性、使用不文明语言的可能性、逃课的可能性、对悲剧事件的麻木性、金钱重要性的认同程度、与现实好友的关系的亲近性呈正相关。与其他变量均不存在显著的相关性（见表 7-22）。这表明使用社会交往类社会化媒体对于大学生的饮食习惯、文明素养、上课积极性、同情心、金钱价值观均产生了一定程度的消极作用；对大学生的公益行为、人际关系产生了一定程度的积极作用。总体来说，也是弊多利少。

表 7-22 内容分享类媒体和社会交往类媒体的使用频率与其影响交叉表

影响		内容分享类		社会交往类	
		皮尔逊系数	P值（sig）	皮尔逊系数	P值（sig）
学习	视野开阔，想法新颖	0.031	0.359	0.008	0.804
	直接运用百度答案	0.048	0.149	−0.048	0.147
	对学习持敷衍态度	0.053	0.110	−0.047	0.157
生活方式	经常熬夜	0.065 *	0.054	−0.001	0.967
	偏爱速食方便食品	0.134**	0.000	0.092**	0.005
	从不参加体育锻炼	0.069**	0.039	0.064 *	0.053
行为	参加公益活动	0.123**	0.000	0.088**	0.008
	使用不文明语言	0.091**	0.006	0.134**	0.000
	沉浸于其中而逃课	0.140**	0.000	0.161**	0.000
身体状况	体质很差	0.006	0.866	0.059 *	0.077
价值观和心理层面	对悲剧性事件很麻木	−0.020	0.559	0.151**	0.000
	认为金钱很重要	0.034	0.309	0.126**	0.000
	长时间不使用会有失落感	0.044	0.190	−0.012	0.729
人际关系	与现实好朋友关系亲近了	0.131**	0.000	0.076**	0.022

3. 集体协作类：作用不明显

数据显示，集体协作类媒体的使用频率与大学生对学习的敷衍程度呈负相关关系。与其他变量均不存在显著的相关性（见表 7-23）。这表明使用集体协作类社会化媒体对于大学生的学习态度产生了一定的积极作用。但总体来说，对大学生的影响不明显。

表 7-23　集体协作类媒体的使用频率与影响交叉表

影响		皮尔逊系数	P值（sig）
学习	视野开阔，想法新颖	0.053	0.111
	直接运用百度答案	−0.005	0.873
	对学习持敷衍态度	−0.081**	0.014
生活方式	经常熬夜	0.064 *	0.053
	偏爱速食方便食品	−0.016	0.630
	从不参加体育锻炼	0.015	0.655
行为	参加公益活动	0.045	0.128
	使用不文明语言	−0.057 *	0.083
	沉浸于其中而逃课	−0.043	0.190
身体状况	体质很差	−0.007	0.843
价值观和心理层面	对悲剧性事件很麻木	−0.036	0.274
	认为金钱很重要	0.020	0.538
	长时间不使用会有失落感	−0.043	0.198
人际关系	与现实好朋友关系亲近了	0.055 *	0.099

4. 自由讨论类：危害最大

数据显示，自由讨论类媒体的使用频率与大学生直接运用百度搜索答案的可能性、对学习的敷衍程度、熬夜的可能性、偏爱速食的可能性、从不参加体育锻炼的可能性、参加公益活动的可能性、使用不文明语言的可能性、听信谣言的可能性、体质差、对悲剧事件的麻木性、金钱重要性的认同程度呈正相关性，与其他变量不存在显著相关性（见表 7－24）。这表明，自由讨论类社会化媒体对大学生的学习方法、学习态度、生活规律、饮食习惯、运动习惯、文明素养、理性对待谣言、身体素质、同情心、金钱价值观均产生了消极影响；只是对大学生的公益行为产生了一定的积极作用。可见，自由讨论类社会化媒体的危害最大。

表 7－24　集体协作类媒体的使用频率与影响交叉表

影响		皮尔逊系数	P 值（sig）
学习	视野开阔，想法新颖	－0.021	0.526
	直接运用百度答案	0.076**	0.023
	对学习持敷衍态度	0.152**	0.000
生活方式	经常熬夜	0.109**	0.001
	偏爱速食方便食品	0.128**	0.000
	从不参加体育锻炼	0.172**	0.000
行为	参加公益活动	0.193**	0.000
	使用不文明语言	0.188**	0.000
	听信谣言	0.226**	0.000
身体状况	体质很差	0.168**	0.000
价值观和心理层面	对悲剧性事件很麻木	0.112**	0.001
	认为金钱很重要	0.203**	0.000
	长时间不使用会有失落感	0.057 *	0.086
人际关系	与现实好朋友关系亲近了	0.031	0.356

第八章　高校大学生与辅导员使用微博情况比较调查

为了解教育者与受教育之间使用社会化媒体的异同，从而为本书后文（第九章）在教育的角度方面提出针对性措施或建议提供事实依据，本章以高校为切入点，以微博为例，通过对安徽省4地6所高校的调查，比较大学生与辅导员之间微博使用情况的差异。

我们调查的是在安徽省高校相对集中的4个地区（芜湖、合肥、淮南、阜阳）的6所高校（安徽工程大学、安徽中医药高等专科学校、安徽大学、合肥学院、淮南师范学院、阜阳师范学院）中发放了620份学生调查问卷，回收有效问卷603份；同时在每所高校发放了200份辅导员调查问卷，回收有效问卷109份。

一、微博关注内容的比较分析

1. 微博关注内容的调查结果比较

微博上的基本活动有“关注”“转发”“评论”等，微博主可以通过“加关注”来收听自己感兴趣的他人。从问卷中个人关注人群的调查得知，71.8％的大学生关注自己的同学和朋友，54.9％的大学生关注自己喜欢的名人、明星（如图 8－1）。

从关注的信息内容方面看，学校动态、时事新闻是大学生在微博上最为关注的热点，从调查结果可以看出，大学生已经将微博当作了解社会、关注学校和获取信息的重要窗口。大学生对娱乐新闻和趣味笑话的关注度同样很高，说明兴趣爱好是大学生关注微博的重要动力。

从大学生校内微博收听内容的调查结果显示，85％的学生关注学校各级学生组织微博和各职能部门微博发布的重要信息，这些信息主要以与大学生息息相关的学习生活和学生活动类为主，大学生对校内机构微博的需求主要集中于服务、咨询两个方面。

在辅导员和大学生之间的微博互动方面，51％的学生认为自己和辅导员之间没有或极少通过微博互动，与辅导员经常互动的

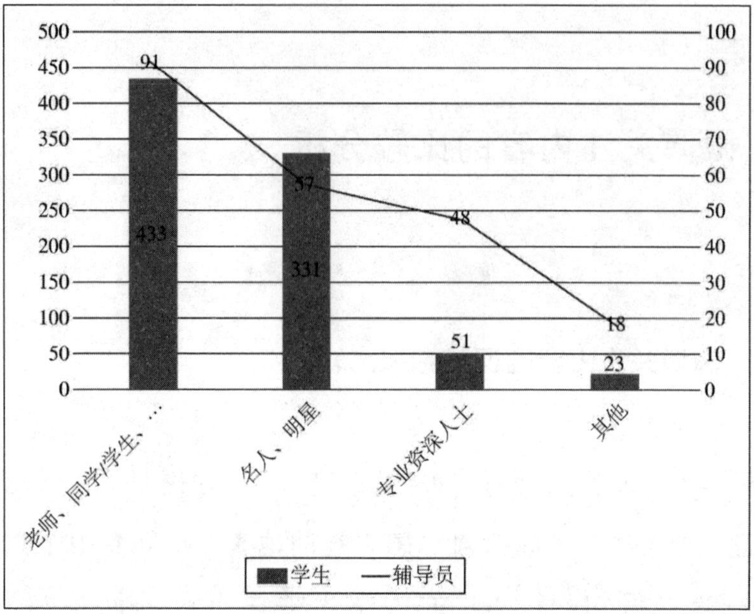

图 8-1　关注人群比较

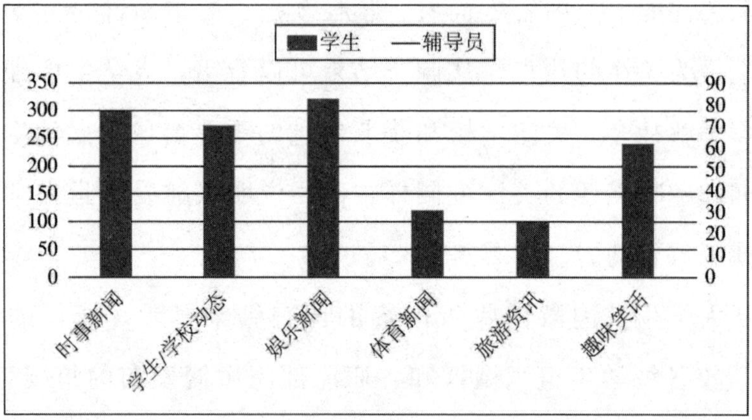

图 8-2　关注信息比较

比例仅为 11.9%。而辅导员认为与学生经常互动的比例也仅为 20%（如图 8-3）。这一结果与我们的预计相差很大，在对辅导员进行的后期访谈中我们得知，辅导员与学生的微博互动大多限于班级学生干部。微博作为交流工具，最为重要的“交互性”在辅导员与大学生之间没有得到充分体现。

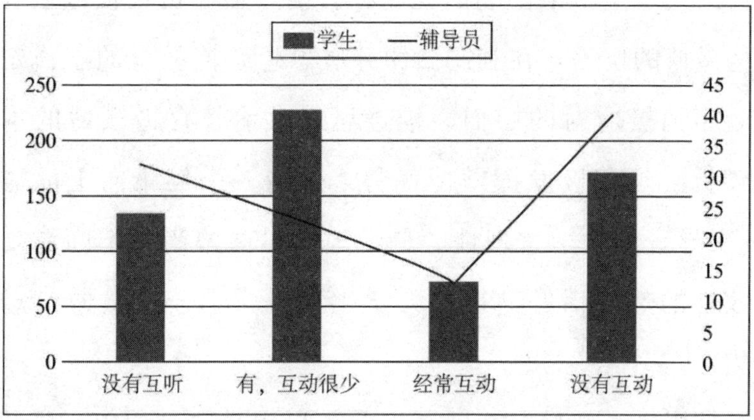

图 8-3 辅导员与学生之间微博互动比较

辅导员开通微博的原因，在调查中“为了拉近与学生的距离，便于与学生交流”的比例达到 66％。辅导员开通微博的初衷是为了紧跟大学生的发展步伐，做好大学生思想政治教育工作，但是在实际工作中辅导员却没有能够很好掌握微博这一新兴事物的规律，在和学生交流过程中不能适应大学生的微博话语体系，除了围观学生的微博，很难和学生形成有效互动。

2. 微博内容关注的差异体现出辅导员对工作环境变化感知的滞后

随着微博在大学生群体中的迅速普及，微博中爆炸式增长且纷繁复杂的网络信息已经对大学生的思想观念和价值取向产生深刻的影响，大学生思想政治教育环境发生了全新的变化。辅导员必须及时跟进时代发展，通过微博加强对青年大学生思想状况的关注度。微博互动意味着“双方对传播内容的共同控制”。[①] 在关注微博给大学生带来影响的同时，目前，辅导员仅仅停留在围观大学生微博的层面，在利用微博开展思想政治教育的工作定位上只能处于消极应对的层面。推进思想政治教育进微博的本质要求辅导员必须积极发挥微博优势，创造一个健康向上的“微环境”，引导青年大学生理性、科学地面对微博当中不断涌现的具有争议性的热点话题，帮助大学生形成科学分辨微博信息的是非能力。

长期以来，辅导员在开展大学生思想教育过程中，延续了应试教育中灌输式的课堂说教模式，辅导员无法充分了解学生的现实需要，学生不能和辅导员展露自己的思想困惑，师生之间的互动受限，辅导员对大学生而言本该有的“指导者和引路人”作用成为空洞的口号。从调查结果来看，辅导员在利用微博开展学生工作的过程中，没有充分重视对互动内容的把握，与学生之间在微博上“各自围观”“各说各话”的局面，将微博互动变成单项传达的“一家谈”。新形势下，辅导员如果不能及时认识到大学生思想政治教育的环境变化，及时调整学生工作理念，贴近大学生实际，积极利用微博这一新载体，主动融入大学生群体当中，大学生思想政治教育的实效就很难有提升。

---

① ［美］梅尔文·德弗勒，桑德拉·鲍尔洛基奇，大众传播学绪论［M］．杜力平，柯雄，译．北京：新华出版社，1999．

二、微博使用习惯的比较分析

1. 微博开通及使用情况的调查结果比较

通过问卷调查的数据分析可知，2012 年和 2013 年是大学生注册“微博”的高峰期，这段时间正是微博蓬勃发展的时期，大学生对微博这一新兴事物的兴趣不断增强，越来越多的大学生加入到微博大军当中。在微博的使用频率上，大学生每天登陆微博的比例在 68.4％，而每天登陆微博的辅导员比例仅占调查总数的 28.4％，远低于学生使用的频次（如图 8－4）。

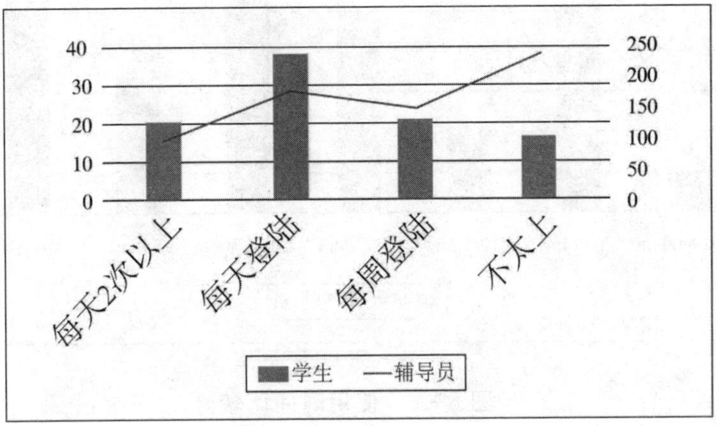

图 8－4　使用频率比较

在微博的登陆时间上，大学生在上午上课前，中午时段，以及晚上临睡前的微博使用比例最高，这成为大学生微博使用的普遍习惯。调查结果显示，辅导员登陆微博的时间更多集中于每天上、下午上班的前一段时间（如图 8－5）。大学生与辅导员微博使用时间存在着较为明显的差异。“在新媒体应用中，与延时回应相比，即时回应更直接，针对性更强，更容易实现互动的目的。当发出信息和接受反馈同步或几乎同步时，状态最佳”。[①] 辅导员和大学生在微博使用上的时间差异，导致辅导员发布的微博和学生之间微博互动的即时性不强，信息到达率不高。这是大学生不与辅导员进行微博互动的重要原因之一。

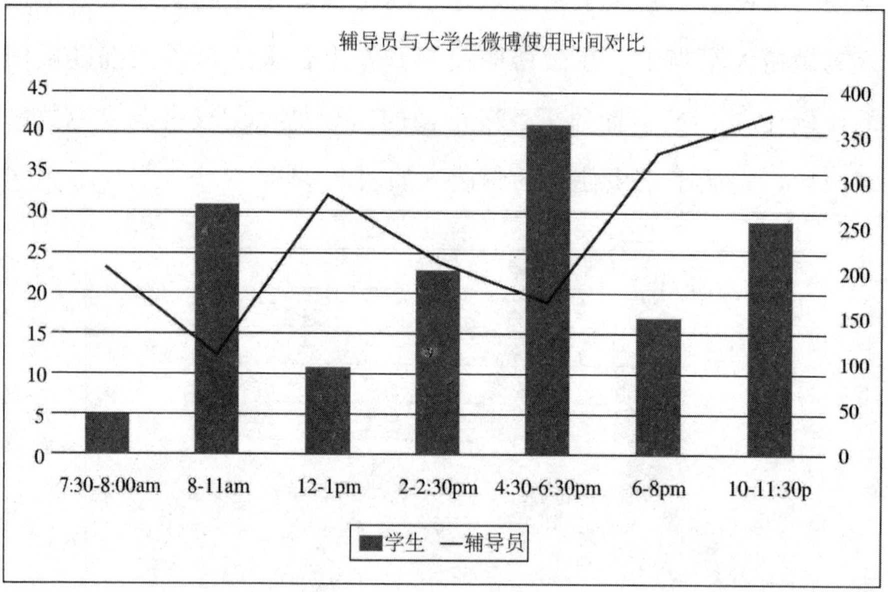

图 8－5　使用时间比较

① 马为公，罗青．新媒体传播［M］．北京：中国传媒大学出版社，2011.

微博可以通过手机网络，开创了信息传播的新形式，也正是微博的优势所在。在微博的登陆方式上，调查显示使用手机登陆微博的大学生比例高达82%。相比较而言，辅导员用手机登陆微博的比例仅为44%，更多是利用办公室或家里电脑登陆微博。随着3G通信技术的飞速发展和4G通信技术的逐步推出，利用手机登陆微博，微博信息传播的即时性进一步提升，辅导员与大学生在微博登陆方式的差异，同样将成为他们相互之间微博互动的阻碍。

2. 微博使用习惯的差异体现出辅导员工作方式创新的滞后。

调查结果显示，不论是微博登陆方式、登录时间，还是登陆频次上的差异，辅导员在和大学生之间在微博互动上存在着一系列的习惯障碍。这些障碍的克服，不可能像课堂教学一样，让学生适应辅导员。相反，辅导员必须改变自己的思想观念，了解并尊重新时期大学生的习惯，适应大学生的需求特点，深入微博与大学生进行平等直接对话，才能真正实现思想政治教育进微博。

使用者通过微博彼此之间点对点的沟通互动，是微博最重要的优势之一。微博中沟通双方减少了中间环节，实现沟通的完全平等与开放，这与大学生心理需求和个性特征相吻合；同时，微博使用者之间可以通过私信进行双向交流，也可以通过话题展开多向讨论；可以通过互聊进行即时对话，通过留言实现延时沟通，这种多维性、多样化的平等互动交流，更贴合大学生的价值观念和交往需求。

从调查结果我们可以看出，虽然辅导员也认识到微博对于大学生思想教育、日常管理工作的重要意义，但是在实践工作中，辅导员并没有掌握将微博当作大学生思想政治教育载体的有效方式。大学生期待着辅导员能够及时跟进新形势，深入微博与他们交流互动，而辅导员没有能够及时跟进大学生微博使用习惯，致使微博已然成为大学生思想政治教育工作的薄弱地带。

三、微博态度的比较分析

1. 微博态度的调查比较

微博的发展对于大学生利弊如何，在“使用微博对大学生的学习与生活造成怎样影响”这一问题上，从调查结果可知，80％的大学生对微博的意义给予了肯定，大多数人认为微博是全新的交流学习方式，既能丰富了大学生活，更能促进大学生的成长成才。

在调查中，对大学生因为通过手机随时登陆微博是否会造成沉迷于微博，影响正常的学习，60％以上的大学生认为不会。而在对辅导员的调查中，我们发现，认为微博会对大学生产生负面影响的比例达到 70％（如图 8－6）。

调查显示（如图 8－7），大学生已将微博作为交往的主要平

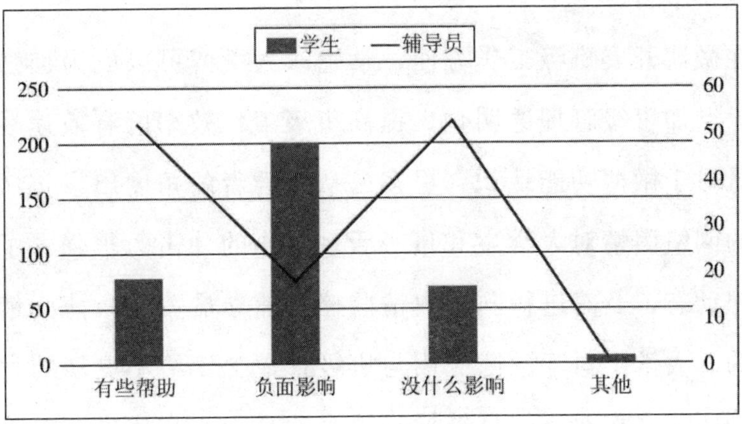

图 8-6 对学生的影响的态度比较

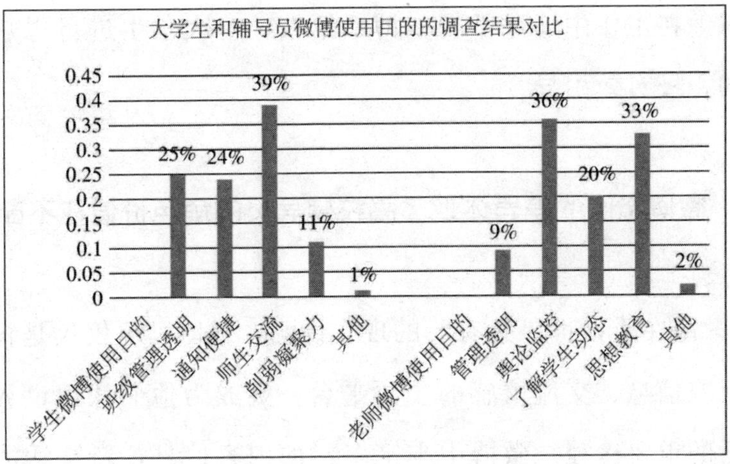

图 8-7 使用目的比较

台，认为微博拓展了自己的交际面的比例达 90%，同时，69%的大学生认为微博已经成为自己和朋友及同学联系的重要新渠道。微博适应了青年大学生的主体需要，成为他们抒发情感、分享观点的最为理想的途径，更成为大学生朋辈之间相互交流、相互影响的重要平台。

在微博开展班级工作方面，学生认为微博可以成为加强师生交流、增加班级管理透明化、提高班级工作效率的有效途径。而辅导员对于微博功能认识，更多是从监管者的角度出发，认为微博上的网络舆情对大学生和班级管理工作的冲击力很强，了解学生思想动态，及时进行网络舆情监控是辅导员关注微博的最主要的目的。大学生对于微博应用与班级日常工作给予更多的肯定和期待，而与之相对比的是辅导员更多的是担心和忧虑。对于微博中的话题，尤其是一些敏感性的话题，辅导员的态度更多是“防”和“管”的意识，沿袭传统的学生管理方式，很少有辅导员能够有意识地在工作中通过掌握微博话语权，对大学生进行思想和舆论上的积极有效引导。

2. 微博态度的差异体现了高校辅导员的角色价值在不断减弱

“微博在手，世界我有”的现实说明，微博已不仅仅是青年大学生获取信息、交流情感的主要平台，更成为他们认识世界、感受生活的重要途径。微博中丰富多彩的内容信息，新颖活泼的话语方式，迎合了青年大学生的心理需要，可以说，微博给予青年大学生的信息远远超越了辅导员所能给予的，传统意义上辅导员所拥有的教育、宣传、解释的优先地位逐渐被微博所替代，辅导员思想政治教育的吸引力逐渐减弱。如何利用微博，适应新时代大学生的需要，增强辅导员工作的魅力，提升辅导员工作实效，已成为十分紧迫的问题。

高校辅导员开展学生工作一直以来主要采用班会、座谈、个别谈话等形式，在这种传统的互动方式中，辅导员与学生在日常管理中处于“管”与“被管”的关系，随着大学生主体意识的增强，这种传统的日常管理模式及其形成的对立化的师生关系，很容易引起学生的抵抗情绪和逆反心理。辅导员成为“大学生人生导师和健康成长的知心朋友”的应然关系很难落实。从调查结果看，辅导员和学生之间的对立关系同样蔓延到了微博当中，而其中最主要的原因是辅导员将微博视为“谣言的煽动者”、“时间的吞噬者”，没有能够充分了解微博特性，充分利用微博优势，与大学生开展微博互动，倾听大学生心声，了解大学生的需要，帮助大学生成长。

第九章　总结与建议

一、全书研究总结

我们在探讨了社会化媒体的基本理论，梳理现有文献的基础上，将社会化媒体定义为一种基于网络技术的在线互动型媒体，它将传统媒体单一的传播方式转变为新型互动模式。应用网络技术这一平台和工具，通过它人们可以达到各种相关性社会交往互动的目的；它具有参与性、公开性、交流性、对话、社区化、连通性、互动性、共享性等几个基本特征；与传统媒体相比，社会化媒体传播的内容更加的丰富多样，统一了“传播”与“接受”

的关系，搭建了网络社区共同体，使传播的模式发生了剧变；社会化媒体经历了萌芽期、发展期、爆发期和整合期，现已形成百花齐放的多元发展的格局，同时又在多元发展的过程中加速融合。本书在考察当前学术界对社会化媒体类型的不同划分的基础上，结合社会化媒体的特点、形式和功能，将“社会化媒体”分为七大类，即自我展示类、自由讨论类、社会交往类、内容分享类、集体协作类、即时通讯类、电子商务类等。在此基础上，我们用了近两年的时间，组织了七次问卷调查，分别对青少年使用社会交往类媒体、内容分享类媒体、电子商务类媒体、即时通讯类媒体、与陌生人交往类媒体、大学生使用社会化媒体以及高校大学生与辅导员微博使用情况差异进行研究，取得一些重要的研究发现。

第一，我们以人人网为例，对青少年使用社会交往类社会化媒体的调查研究发现：（1）略超一半的青少年是人人网的用户，并且 26.6％的男性青少年和 18.46％的女性青少年基本每天都会访问至少一次人人网，男性用户数量与访问频率均高于女性。（2）年龄与访问频率呈现“鱼钩”型形态，处于年龄两端的青少年访问人人网的频率高于中间年龄段，处于年龄两端的青少年当中，低年龄段明显高于高年龄段，即“高－最低－次低”的“鱼钩”形态。（3）人人网采取实名制注册，通过“搜索”和“好友推荐”功能，用户可与同为人人网用户的失去联系的熟人或人人网推荐的“可能认识的人”快速建立起新的联系，并通过“状态”“日志”“留言”等方式展开互动。研究发现，“与老朋友建立新的联系”以及“结识新的好友”等维护和拓展人际交往是青少年访问人人网的主要动机，人人网成为青少年拓宽人际交往的新工具、新形式和新手段，也是他们一种重要的生活方式。另外，男性青少年会更因为好奇和无聊等因素访问人人网。（4）在交往方面，人人网可以拓展青少年的交际范围和手段，促进青少年积累社会资本，推进青少年之间的情感及实际互助。（5）人人网是青少年公益行为的平台，虽然在人人网发起或通过人人网组织、参与公益活动的青少年比例还不是很多，但它表明了注册并访问人人网的青少年用户也并非全部是为了交友、因为无聊或是某种时尚，还有一种可贵的社会意识和公益精神在孕育。（6）高频率长时间使用者更可能是肥胖者。（7）人人网也是青少年越轨行为的温床，有超一半的青少年用户使用过不文明语言或浏览过暴力或色情内容。（8）青少年在人人网等社会交往类媒体的使用方面，已表现出一定的网络社交“软瘾”症状特征，存在一定“强迫性”的“越轨性”访问、熬夜访问、习惯性访问和“冷漠性”访问等现象。并有略超过一半（50.31%）的青少年用户在不同程度上体会到了如果不访问人人网产生的失落感。

第二，我们以视频分享类社会化媒体为例，对青少年使用内容分享类社会化媒体的调查研究发现：（1）视频分享类社会化媒体几乎覆盖了所有青少年，而在众多视频分享类社会化媒体中最受欢迎的是优酷网，有超过一半的青少年有使用过优酷网观看或分享视频；其次是爱奇艺，使用比例也超过一半。（2）超过一半的青少年“基本每天都会访问至少1次”视频分享类社会化媒体，近一半的青少年每次使用视频分享类社会化媒体的平均时长为1—2小时。（3）青少年的性别、年龄、是否在校生、学历与使用频率与均无显著的相关性。(4) 青少年热衷于休闲类视频类型，且关注突发事件。对于休闲类视频排前三位分别是影视剧、综艺类视频，搞笑类视频。需要引起重视的是，视频分享类社会化媒体已成为青少年观看影视剧的主要平台，相对于传统电视媒体而言，视频分享类社会化媒体平台上的影视剧更为“鱼龙混杂”，影视剧主题和内容“良莠不齐”，更有相当多以暴力和色情内容为噱头的各类系列的欧美的、日韩的“深夜剧”吸引着大量的青少年观看与传播。同时，我们的调查也发现分别有超四成和近四成的青少年对“社会突发事件类视频”和“时政类新闻视频”感兴趣，这一点也必须引起重视，尤其是青少年通过视频分享类社会化媒体对社会突发事件的关注更应引起我们的重视，因为一方面它表明了青少年渴望通过视频分享类社会化媒体的真实图景获知社会突发事件的真相及其进展；另一方面社会突发事件通过视频分享类社会化媒体传播时更容易激起是青少年的情绪反应，且一旦视频内容通过“移花接木”的方式进行谣传，将可能导致青少年对谣言信以为真，从而更容易引起青少年非理性情绪的扩散，发生网络群体性事件。(5) 青少年的性别、学历对于感兴趣的视频类型有显著影响，而年龄对于感兴趣的视频类型无显著影响。男性青少年对综艺类视频更感兴趣，女生青少年对影视剧类视频更感兴趣。此外，处于学历两端的初中及以下学历和硕士及以上学历的青少年更多地对“综艺文体类视频”最感兴趣，而处于中间的高中专到本科学历的青少年更多地对“影视剧类视频”最感兴趣。(6) 在行为影响方面，近九成使用者在学习或工作时间访问过视频分享类媒体，超三成使用者“经常”逃课观看视频，分别有超两成和近三成的青少年使用者“经常”浏览暴力内容和色情内容。在心理影响方面，超四成的青少年有不同程度的依赖性，超两成青少年睡眠减少，超三成青少年将访问该类媒体当成睡前“必修课”，少数青少年因使用该类媒体更具暴力倾向和性冲动。对青少年在现实生活中的面对面的交往影响方面，有超三成的青少年与朋友一起面对面聚会的时候还经常或有时使用视频分享类社会化媒体，有14.79%的青少年使用者觉得自己在使用视频类媒体后，更接受一个人独处了；研究还发现，视频类社会化媒体的使用对青少年的身体肥胖程度、对政府的信任度、学习成绩、性格、寂寞感均无显著影响。

第三，我们以微信为例，对青少年使用即时通讯类社会化媒体的调查研究发现：(1) 在使用频率方面，青少年几乎都在使用微信，超过三成的青少年使用者保持24小时在线，半数每天都会登录；经常和有时在学习或工作时间使用的比例超过七成，在夜间十一点以后使用的比例超过六成，在等待等空档时间使用的比例近四成，躺在床上准备睡觉的时候使用比例近四成，与朋友一起聚会的时候近四成。(2) 在使用动机方面，人际交流是最主要动机，“认识陌生人”的动机为青少年的人际交往埋下了隐患。微信平台带有“查找附近的人”、“摇一摇”等功能，可以以快捷迅速的方式结识并约见陌生人，这种新鲜刺激的交往模式对青少年具有极大的吸引力，一方面可以扩大青少年的交际圈，另一方面也为青少年的人际交往带来巨大的隐患。(3) 在关注的话题方面，社会突发事件已经成为青少年在微信平台里最为关注的话题，这须引起高度重视。青少年通过微信的新闻推送和朋友圈转发等功能对社会突发事件的关注和讨论，使微信平台搭建的青少年虚拟社区容易成为社会突发事件的谣言扩散场、青少年非理性情绪的积聚和暴发地以及网络群体性事件的动员区。（4）在性别差异方面，女性青少年使用微信的频率略高于男性；男女青少年使用动机前三位均是交流培养感情、关注熟人动态和认识陌生人，但女性青少年持此三方面动机人数比例均略多于男性青少年；而男性青少年在“不用就落伍”、“了解闻新资讯”等动机上多于女性青少年；女性更关注娱乐性话题和学习方面的信息；男性更关注社会突发事件类、时政新闻类和科技资讯类话题；青少年通过微信发起或参与公益行动的比例得到了很大的提高，在青少年微信使用者中，共有超过两成通过微信发起过公益行动，同时还有超过两成的青少年参与过其他人在微信平台发起的公益行动，两者相加，共有超四成的青少年在微信里发起过或参加过别人发起的公益活动，且女性多于男性。（5）在年龄差异方面，青少年年龄段越高，使用频率越高；高年龄段更想认识陌生人；低年龄段则更显好奇。所有年龄段的青少年持有“关注熟人或朋友动态”和“培养交流感情”的动机的人数比例都在前两位，但 14－18 周岁低年龄的青少年出于“好奇”的动机明显高于其他两个年龄段，而其他两个年龄段的青少年持有“认识陌生人”的动机的人数比例均排在第三位，明显高于 14－18 周岁低年龄段的青少年。这可能是因为 14－18 周岁年龄段的青少年大多数还处于中学阶段，一方面，没有足够的勇气面对与陌生人见面的潜在风险，另一方面，学校、家庭等社会纽带与他们的联系更紧，对他们有更强的社会控制功能，所以他们相对于处于高年龄段的大学阶段或就职阶段的青少年而言，较缺乏认识陌生人的勇气与机会；低年龄阶段更关注时政新闻，高年龄段更关注养生健康。这可能是因为，14—18周岁的青少年绝大多数处于中学阶段，课程学习与考试方面对时政新闻有更多的涉及与要求，因而对迫于学习要求而关注时政新闻就相对较多，而这一阶段的青少年以学习升学为主要任务，且年龄尚小，对养生健康方面的意识和兴趣显然不如高年龄强烈；而中高年龄段的青少年由于学习和升学压力已相对缓解，闲暇时间相对较多，在当前生活条件改善而食品安全问题却又层出不穷、环境污染严重的情况下，养生健康意识随之相对强烈；青少年年龄段越高，越可能有通过微信“发起”过公益活动的经历，而中间年龄段的更容易被动员“参加”公益活动。这可能是因为年龄段越高，动员发起公益行动的资源（包括经济资源、社会资源及时间精力）越多。参加过其他人通过微信发起的公益行动的人数比例，也是低年龄段（14—18周岁）的最低。但是中间年龄段（19—23周岁）的青少年参加过公益行动的人数比例略高于高年龄段（24—28周岁）的人数比例。这可能是因为，19—23年龄段的青少年大多处于大中专阶段，相对于低年龄段有更多的参加公益活动的资源，而相对于大多数处于就职阶段的高年龄段青少年，因其还处在“象牙塔”里的更为圣洁的氛围里，因而也更容易被动员而参加公益活动。（6）在学历差异方面，近似地符合学历越高使用频率越高的规律；在最高学历与动机的关系上，没有明显的规律，但是一个显著的差异是，初中及以下学历的青少年更图娱乐而淡交往，其持有“娱乐”的动机明显高于其他年学历的青少年，而关注熟人和朋友动态、交流培养感情两个动机明显低于其他学历的青少年；学历越高，通过微信发起公益活动的可能性越高。在参加别人通过微信发起的公益活动中，从高中或中专学历起，也是随着最高学历的提高，参加公益活动的青少年比例随之提高。(7) 使用微信对青少年的影响方面，超六成的青少年觉得使用微信使自己“获取信息更加方便快捷”，超八成的青少年认为自己通过微信学到了许多知识，超过七成的青少年肯定自己通过微信“交到了不少朋友”，超过六成的青少年认为它“是了解朋友的重要途径”，超过四成的青少年觉得微信里的“话题讨论激起了自己的思考”。同时，有超过七成的青少年承认使用微信“打乱了自己的作息时间”，超六成的青少年坦承使用微信的“耗费了许多时间”，超半数的青少年觉得使用微“容易泄露隐私”，还有少数的青少年觉得自己“彻底栽进去了”；经常使用者更易肥胖；使用微信确实对青少年的学习产生了不利影响，经常使用者的学习成绩更可能处于班级后 1/3，反之则更可能处于班级前 1/3；性格外向程度与使用频率呈反向关系，经常使用者的性格更内向，但无法认定是性格内向导致了青少年更容易使用微信，还是使用微信导致了青少年性格更内向，抑或互为因果；寂寞程度与使用频率呈正向关系，经常使用者的寂寞程度越高，但同样无法认定是青少年的寂寞感导致了青少年更容易使用微信，还是使用微信加深了青少年的寂寞感，抑或互为因果；有超过一半的青少年长时间不访问微信会有不同程度的失落感，虽然这种失落感对大多数青少年还是比较轻微的，多数青少年只是“有点同意”“长时间不访问微信会有失落感”，但依然必须引起我们的重视，因为：其一，不同程度失落感的青少年已达到了一半，其二，已有青少年出现较为严重和很严重的失落感，其三，媒介心理依赖的干预必须及时“消灭在萌芽状态”方能取得较好的效果。另外，青少年对微信的依赖还体现在他们在某些特定时间里不可控制地或习惯地访问微信，青少年在夜间11点以后经常和有时使用的共超过六成，在等待（如等待吃饭、排队等）时间和躺在床上准备睡觉的时候经常和有时使用的均共超过四成。

第四，我们以美团为例，通过对青少年使用电子商务类社会化媒体的调查研究发现，青少年使用美团的人数的比例超过八成。超过一半的青少年平均每月在美团消费一次，近三成的青少年每季度消费一次，每周消费一次的比例为16.13%，每天消费一次的比例为3.23%。青少年团购消费的最主要动机是美团团购在价格上的优惠。另外，方便快捷的方式、商品种类的丰富性等也是吸引青少年消费者的主要因素。青少年的网络团购消费以“餐饮”消费最多，在美团上进行过餐饮消费的青少年占75.41%，其次为电影、KTV等娱乐消费，占70.49%。而使用美团的方式，主要是通过美团PC端和手机APP的方便来进行消费。在消费过程中，超八成以上的青少年用户会参考他人的消费评价，而消费后自己发表评价意愿不是很强烈。对于青少年的消费体验，会带来一些实际消费的困惑，譬如，青少年使用美团后会感觉商品实际质量有欠缺及经常限制美团卷使用，以及感觉商家对美团用户的态度不好。38.71%的青少年表示参加团购网站的商家参差不齐，后续服务无法保障；37.1%的青少年表示对团购网站不感兴趣；29.84%的青少年嫌麻烦不如直接到场消费；29.84%的青少年表示没有发现自己想要购买的。总的来看无团购经历的青少年对团购的认识上保持中立，他们对网上团购没有太多关注也可能找不到适合自己的产品，对团购的态度很中立，热情不高。研究还发现，青少年美团团购消费与其性别没有显著的相关性，而与其经济状况、年龄、学历等均有显著的相关性。生活费越高，青少年团购频率和越高；年龄在 18 岁以上的青少年参加团购的频率远高于 18 岁以下的青少年；专科和本科的学历青少年的消费频率明显高于高中及以下学历的青少年。

第五，通过对青少年使用“与陌生人交友类”社会化媒体调查研究发现：（1）约八成青少年都使用过“QQ 附近的人”、“微信摇一摇”、“QQ 邮箱漂流瓶”和“微信附近的人”四大“与陌生人交往”的社会化媒体。相对于男性，女性更倾向于使用相对含蓄的社会化媒化媒体，而男性则更倾向于更为直接、“露骨”的社会化媒体；（2）青少年使用社会化媒体和陌生人交往最大的动机是为了拓宽人脉，无聊是重要诱因，成为第二大动机，第三是纯属好奇。从性别和动机的交叉分析来看，男性持“不良”动机是女性的近 10 倍；（3）越是孤独的青少年，就越有可能持有寻找非正常婚恋对象、寻找红颜知已、寻找一夜情的动机。结合“使用微信的频率与孤独感呈正向关系”的结论，我们认为，丰富和充实青少年的业余生活，降低其孤独感，是我们帮助青少年正确使用社会化媒体的重要思路；（3）超两成青少年与陌生人见过面，而有过恋爱经历，尤其是有过失败的恋爱经历的青少年更可能与陌生人见面；（4）在动机上男性青少年更倾向于只与异性陌生人见面，但事实上只与异性见面的女性多于男性；（5）青少年通过社会化媒体与陌生人见面后，八成左右的青少年确实成功地至少交到了1个正常的朋友和恋人，但也发展了一定的非正常关系甚至实施违法犯罪行为或遭遇“上当受骗”，其中遭遇上当受骗的青少年就有两成，与见面对象发展为“暧昧关系”、“非正常恋人”、“一夜情”、“长期性伙伴”等非正常关系的男性青少年有一半以上，女性有三成以上。青少年在使用社会化媒体“约”见陌生人应小心谨慎；对青少年使用社会化媒体与陌生人交往的引导、教育、控制、管理和规范也刻不容缓。

第六，通过对大学生使用社会化媒体的调查研究发现：（1）QQ和微信因其较强的实用性以及功能的全面性成为大学生中最常使用和最为喜爱的两类社会化媒体。（2）大学生对社会化媒体的喜爱程度与使用频率基本一致，细微的区别仅是：使用频率排在第四位的百度百科在喜爱程度在落后了一位，排在了第五位。（3）女性群体和文科生群体使用自我展示类社会化媒体的频率分别高于男性群体和理工科生群体。（4）在自由讨论类社会化媒体的使用频率上，专业、性别均无明显差异，但是非农业户口的群体使用自由讨论类社会化媒体的频率高于农业户口群体，独生子女高于非独生子女群体。（5）在社会交往类社会化媒体的使用频率上，性别无明显差异，但是高年级和文科生使用社会交往类社会化媒体的频率分别高于低年级和理科生。（6）在内容分享类社会化媒体的使用频率上，性别、专业均无明显差异，但非独生子女使用内容分享类社会化媒体的频率高于独生子女，被调查者的年级越低，使用内容分享类社会化媒体的频率越高。（7）女生使用集体协作类社会化媒体的频率高于男性，文科生高于理科生，这说明文科生和女生相对更热衷于通过集体协作类媒体搜索与学习生活相关的信息。(8) 在即时通讯类社会化媒体的使用频率上，性别、专业均无明显差异，但是年级越低的大学生使用即时通讯类社会化媒体的频率越多，非独生子女高于独生子女，农业户口高于非农业户口。(9) 高年级学生和男生使用自我展示类媒体相对于低年级和女生更带有工具性特征，而低年级学生和女生相对来说则更带有情感性特征。(10) 独生子女、男生、非农业户口者使用自由讨论类媒体分别相对于非独生子女、女生、农业户口者更带有一定的自我表现性特征，更有显示自我存在感的动机，而非独生子女和农业户口者则更带有工具性特征，显得更加实在。(11) 对于社会交往类社会化媒体，大四学生因面临就业、考研等压力，使用该类媒体更倾向于寻求相关方面的帮助；而大二学生因为“无聊”使用交往类媒体的最多。(12) 针对内容分享类社会化媒体，男生和非农业户口者更有发布视频的表现性特征，女生比男生更持有休闲娱乐的动机。(13) 针对集体协作类社会化媒体，非独生子女和女生倾向于查找答案等信息，以完成学习任务，而男生使用此类媒体相对于女生更偏向于打发无聊时光。(14) 对于即时通讯类，高年级、独生子女、男性更重实用，非独生子女、女性更图娱乐。(15) 在社会化媒体对大学生的影响方面，使用自我展示类和即时通讯类是利大于弊，而使用内容分享类和社会交往类则是弊大于利；使用集体协作类的作用不明显；但是使用自由讨论类的危害最大。

第七，通过对高校大学生和辅导员使用微博情况比较的调查研究中，发现大学生和辅导员在微博的关注内容、使用习惯和微博态度方面存在有着明显差异。(1) 关注内容方面，大学生在微博上最为关注的热点是学校动态和时事新闻，他们已经将微博当作了解社会、关注学校和获取信息的重要窗口。同时，大学生对娱乐新闻和趣味笑话的关注度同样很高，说明兴趣爱好是大学生关注微博的重要动力。相反，辅导员对于微博的关注度不是很高，开通微博的辅导员初衷是为了紧跟大学生的发展步伐，做好大学生思想政治教育工作，但是在实际工作中辅导员却没有能够很好掌握微博这一新兴事物的规律，在和学生交流过程中不能适应大学生的微博话语体系，除了围观学生的微博，很难和学生形成有效互动，凸显出辅导员对微时代工作环境变化感知的滞后。（2）在微博使用习惯方面。大学生每天登陆微博的比例在68.4％，而每天登陆微博的辅导员比例仅占调查总数的28.4％，远低于学生使用的频次。在微博的登陆时间上，大学生在上午上课前，中午时段，以及晚上临睡前的微博使用比例最高，而辅导员登陆微博的时间更多集中于每天上、下午上班的前一段时间。由于，辅导员和大学生在微博使用上的存在非常大的时间差异，从而导致辅导员发布的微博和学生之间微博互动的即时性不强，信息到达率不高。微博使用习惯的差异体现出辅导员工作方式创新的滞后。（3）在对微博的态度方面。大学生因为通过手机随时登陆微博是否会造成沉迷于微博，影响正常的学习，60％以上的大学生认为不会。而在对辅导员的调查中，认为微博会对大学生产生负面影响的比例达到70％。（4）在微博开展班级工作方面，大学生认为微博可以成为加强师生交流、增加班级管理透明化、提高班级工作效率的有效途径。而辅导员对于微博功能认识，更多是从监管者的角度出发，认为微博上的网络舆情对大学生和班级管理工作的冲击力很强，了解学生思想动态，及时进行网络舆情监控是辅导员关注微博的最主要的目的。

二、游离于爱与痛的边缘

1. 快感与懊悔的交织

我们通过对青少年使用社会交往类、内容分享类及即时通讯类社会化媒体的调查，发现了青少年使用社会化媒体时一种快感与懊悔交织的“游离于爱与痛边缘的现代情绪”，美国心理学家Judith Wright把这种情绪称为“软瘾”，指“那些表面上看获得暂时的满足与短时的快感，实际上却被榨取大量的精力，财力或者更多，事后或许会有些后悔，但当时却难以摆脱的强迫性的习惯、行为或情绪……它不同于毒品、药物、酒精的，看似无关痛痒，实则无法自拔的沉迷”[①]。我们的调查显示，青少年在社会化媒体的使用方面，存在一定程度的“强迫性”的“越轨性”访问、熬夜访问、习惯性访问和“冷漠性”访问等现象，一些青少年在“看似无关痛痒，实则无法自拔”的沉迷中深切体会一种快感与懊悔交织的“游离于爱与痛的边缘的现代情绪”。

---

① 刘斌，于瀛．大学生软瘾现状调查分析及对策研究［J］．辽宁大学学报，2013（4）：155－160.

(1)“越轨性”访问

越轨性访问是指在相关法规和规章禁止的情况下还在访问，如在上课时间或上班时间不顾学校或单位的规定“不可控制”地访问社会化媒体。调查显示，在使用社会交往类社会化媒体如人人网时，接近一半（48.43%）的青少年用户经常或有时在学习或工作时间“忍不住”访问人人网；在使用内容分享类社会化媒体如视频类社会化媒体时，更有近九成（89.44%）的青少年用户在学习或工作时间不同程度地使用过视频分享类社会化媒体，其中“经常使用”的就超过两成（23.12%），有时使用的超过三成（32.16%）。甚至，有超过三成的青少年用户（34.15%）因使用这类媒体观看或传播视频而“经常”逃课，10.09%的青少年用户有时逃课。在使用即时通讯类社会化媒体如微信时，学习或工作时间经常使用和有时使用的比例也分别达到8.22%和68.42%，两者合计超过了七成。

(2)“熬夜”访问

分别有8.81%和35.85的青少年经常和有时在夜间11点以后还在“不直觉地”访问人人网，两者合计超四成（44.66%）；有两成（21.36%）的青少年在使用视频分享类媒体后承认自己“睡眠变少了”，在夜间11点后经常使用视频分享类社会化媒体的青少年占17.14%，“有时使用”的占32.16%，两者合计有近一半（49.30%）的青少年使用者在夜间11点以后经常或有时访问视频分享类社会化媒体；在夜间11点以后，经常和有时使用微信的分别有4.93%和55.92%，两者合计更是超六成（60.85%）。

（3）“习惯性”访问

“习惯性”访问即一有空档时间就访问。我们的调查显示，在各种等待（如课间休息、等待吃饭、排队等）经常或有时“习惯性”地访问人人网的比例分别为10.06%和38.36%；经常访问和有时访问视频分享类社会化媒体的青少年分别为15.02%和35.21%；经常和有时访问微信的分别为6.91%和37.83%。

调查还发现，访问社会化媒体已经成为一些青少年睡前“必修课”。“在躺在床上准备睡觉的时候”，分别有22.64%、32.16%、6.58%的青少年用户经常访问人人网、视频分享类社会化媒体和微信；分别有25.79%、40.14%、36.51%的青少年有时访问人人网、视频分享类社会化媒体和微信。

（4）“冷漠性”访问

“冷漠性”访问，指即使是在现实面对面的交流过程中也在“有意无意”地访问网络社交媒体，此时会给面对面的交流带来冷漠的氛围，制造面对面的“情感沙漠”，影响现实生活中的人际关系，消解现实人际交往的价值。调查显示，有3.14%和25.79%的青少年用户在与朋友一起面对面的聚会的时候依然经常和有时访问人人网。

为进一步揭示青少年对社会化媒体的无法自控的沉迷程度，我们再次用“不访问就会感到失落”的指标进行了测量。结果显示，对于社会交往类社会化媒体，如人人网，分别有1.26%、15.72%、33.33%的青少年用户对于长时间不访问人人网就会感到失落表示非常同意、比较同意和有点同意，也就是说共有略超过一半（50.31%）的青少年用户在不同程度上体会到了如果长时间不访问人人网产生的失落感；对于内容分享类社会化媒体，如视频分享类社会化媒体，1.87％、9.81％、29.44％的青少年对于长时间不访问会有一种失落感表示非常同意、比较同意和有点同意，三者合计共超过四成（41.12％）的青少年在不同程度上体会到如果长时不访问视频分享类社会化媒体会在不同程度上产生失落感；对于即时通讯类社会化媒体，如微信，若长时间不访问会产生失落感表示非常同意、比较同意和有点同意的比例分别为0.33％、8.22％、43.75％，三者合计亦超过一半（52.3％）的青少年长时间不访问微信会有不同程度的失落感。

就我们的调查情况来看，虽然大多数青少年对于长时间不访问某类社会化媒体会产生失落感只是“有点同意”，但依然必须引起我们的重视，因为：其一，对于我们所调查的人人网、视频分享类社会化媒体和微信，有不同程度失落感的青少年已达到四成，有的已经超过了一半；其二，已有少量的青少年出现较为严重和很严重的失落感；其三，媒介心理依赖的干预必须及时“消灭在萌芽状态”方能取得较好的效果。

2. 虚假充实与真实孤独之间的恶性循环

看似无关痛痒实则无法自控的越轨性访问、熬夜访问、习惯性访问和冷漠性访问带来青少年在访问社会化媒体时“虚假的充实”与事后“真实的孤独”之间的恶性循环。访问社会化媒体或许为一些青少年带来短暂的快感，然而，短暂的快感之后可能是更多的孤独。有学者研究指出“社交网站的深度使用者比一般人更容易陷入孤独感”[①]。

我们的调查显示，寂寞程度与一些社会化媒体如微信的使用频率之间呈正向关系。经常使用微信的青少年中，对“常感寂寞”这一问题，非常同意、比较同意、有点同意的比例分别达到了1.64%、35.25%，48.36%，而不同意和非常不同意的比例分别只有13.11%、1.64%；偶尔使用的青少年非常同意、比较同意、有点同意的比例分别下降为0%、25.82%、45.60%，而不同意和非常不同意的比例则分别提高到26.37%、2.20%；从不使用的青少年非常同意、比较同意、有点同意的比例分别更是下降到0%、12.50%、25.00%，而不同意和非常不同意的比例更是分别提高到50.00%、12.50%。我们对青少年使用与陌生人交往的社会化媒体的调查也发现，孤独感会诱发青少年使用此类媒体的不良动机，越是孤独的青少年，就越有可能持有寻找非正常婚恋对象、寻找一夜情的不良动机，真实的孤独诱发青少年通过社会化媒体寻找非正常婚恋对象和一夜情，从而带给他们虚假的充实，这种虚假的充实一旦破灭，则会更进一步加深他们的孤独感。

3. **爱恨交加的情感冲突**

游离于“爱与痛的边缘”，一方面不仅仅是青少年使用社会化媒体时一种快感与懊悔相互交错的心理状态，表现为看似无关痛痒实则无法自控的越轨性访问、熬夜访问、习惯性访问和冷漠性

① 周曦. SNS网站对于大学生同学间人际关系的影响——以“校内网”为例[D]. 厦门大学，2009.

访问以及由此带来的“虚假的充实”与事后“真实的孤独”之间的恶性循环。另一方面，它也表现为青少年用户以及局外人，包括教育者、管理者、家长等对待社会化媒体的一种又爱又恨、爱恨交加的情感冲突。我们的研究不但揭示了青少年使用一些典型的社会化媒体的基本概貌，包括其动机、频率及其性别、年龄等变量差异，而且也呈现出社会化媒体令人“爱恨交加”的双面性。

(1) 爱之切

一方面，我们的研究发现了一些社会化媒体对青少年诸多方面的积极影响，令人深感“爱之切”。

首先，拓展了青少年获取信息、开展交往的范围、手段和方式，有利于青少年积累社会资本，并促进青少年用户间的情感交流和实际互助。如，我们在对青少年使用即时通讯类社会化媒体的调查研究中发现，超六成（68.18%）的青少年觉得使用微信使自己“获取信息更加方便快捷”，超过八成（87.83%）的青少年认为自己通过微信学到了许多知识；超过四成（42.96%）的青少年觉得微信里的“话题讨论激起了自己的思考”。我们对青少年使用社会交往类媒体中的人人网的调查发现，在使用人人网的青少年当中，40.0%的女性和 39.36 的男性“通过这类媒体结识了至少 3 个以上要好的朋友”；75.38%的女性和 63.83%的男性肯定“人人网为自己提供了一个交流情感的平台”；63.08%的女性青少年和 46.81%的男性青少年觉得访问人人网可以让自己“放松心情”；在使用人人网的青少年用户中，40.0%的女性和 32.98%的男性觉得“与面对面聊天相比，这类媒体更能表达想要表达的意思”；分别有 41.49%和 29.23%的男性青少年和女性青少年得到过这类媒体结识的新朋友给予的线下实际帮助。在对青少年使用微信的调查发现，超过七成的（73.16%）的青少年肯定自己通过微信“交到了不少朋友”，超过六成（63.16%）的青少年认为它“是了解朋友的重要途径”。

其次，社会化媒体与公益的联姻有利于培育青少年的公民意识、责任意识和社会意识。如，我们对于青少年使用社交类社会化媒体的调查研究中，发现了有青少年使用人人网发起和参与公益行动，但调查显示其比例非常低，这可能是因为该类媒体存在一些动员和组织公益行动方面的缺陷，而我们对微信的调查研究则显示，青少年通过微信发起或参与公益行动的比例得到了很大的提高，在青少年微信使用者中，共有超过两成（20.07%）通过微信发起过公益行动，同时还有超过两成的青少年参与过其他人在微信平台发起的公益行动，两者合计则共有超四成（43.92%）的青少年在微信里发起过或参加过别人发起的公益活动。这对于培育青少年的志愿精神、公益意识具有重要的意义，值得鼓励与引导。

（2）恨之深

然而，另一方面，我们的研究也发现了一些社会化媒体对青少年诸多方面的消极影响，令人深感“恨之深”。

在身体方面，我们的研究发现，人人网和微信两个社会化媒体的使用频率与身体肥胖程度均有相关性，这两个媒体的高频率使用者更容易肥胖。在对青少年使用人人网的调查研究中，我们将使用频率最高的即“基本每天都会访问至少 1 次人人网”的青少年“深度使用者”和使用频率最低的超过 7 天以上才会访问 1

次人人网的青少年低频用户的身体肥胖程度进行对比，结果显示，深度使用者更可能是肥胖者，四成的深度使用者偏胖。深度使用者非常肥胖、比较肥胖和有点肥胖的比例分别为 2.70%、18.92%和 18.92%，合计占 40.54%；而低频使用者对应数据为 0%、9.62%、23.08%，合计为 32.7%。而低频使用者偏瘦（23.08%）和很瘦（7.69%）的比例合计为 30.77%，深度使用者对应数据为 18.92%和 0%，合计为 18.92%。卡方检验 P 值为 0.000，有显著性相关关系。经常使用微信的青少年更易肥胖。在对青少年使用微信的调查研究中，经常使用微信的青少年觉得自己非常肥胖、比较肥胖和有点肥胖的人数比例分别为 1.64%、11.56%、37.79%；而偶尔使用微信的青少年此项比例分别为 0%、5.49%、29.12%；从不使用微信的青少年此项比例则更低，分别为 0%、0%、2.5%。

在学习方面，我们的研究表明，我们发现，使用微信对青少年的学习产生了不利影响，数据表明，在校生当中，经常使用微信的青少年的学习成绩处于班级前 1/3 的人数比例只有 9.48%，而处于班级后 1/3 的比例达到 29.47%；偶尔使用微信的青少年的学习成绩处于班级前 1/3 的比例提高到了 26.14%，而处于班级后 1/3 的比例降到了 8.49%；若从不使用微信，则学习成绩处于班级 1/3 的可能性更是提高到了一半（50.09%）。

在行为方面，我们的研究发现，因社会化媒体的屏蔽性、低门槛性、低风险性、便捷性和扩散性等特点，大多数社会化媒体的使用均诱致了青少年越轨行为的滋生与蔓延。在对青少年使用社会交往类社会化媒体的调查中，我们发现分别有 40.43%的男性和 29.23％的女性青少年用户在人人网里使用过侮辱、骂人、脏话等不文明语言，18.09％的男性和 18.46％的女性青少年用户在人人网里浏览过暴力或色情内容；在对青少年使用内容分享类社会化媒体的调查中，我们发现，有超三成的青少年（34.15％）使用者因为使用视频分享类媒体观看或传播视频而“经常”逃课，有超两成（21.28％）的青少年使用者“经常”浏览暴力内容视频，“经常”浏览含色情内容的视频的青少年使用者近三成（26.17％），有时浏览暴力内容的占 22.07％，有时浏览色情内容的占 16.08％。

在对青少年使用社交媒体与陌生人交往的调查研究中，发现超过八成或将近八成的男性和女性都使用过“QQ 附近的人”、“微信摇一摇”、“电子邮箱漂流瓶”、“微信附近的人”专门用来和陌生人进行交往的网络媒体。在这些媒体的青少年用户中，超过两成的青少年与陌生人见面后至少有过一次“上当受骗”的经历。有 7.4％的男性和 6.8％的女性至少有一次成功地实施了非法行为。有 5.9％的男性和 4.7％的女性通过社交媒体与陌生人见面后至少与一个见面对象发生过一夜情（仅 1 次性关系）。甚至有 11.6％的男性和 6.4％的女性与陌生人见面后与至少一个见面对象保持长期性伙伴关系（与同一人 3 次以上的性关系）。有 9.1％的女性和 8.5％的男性通过社会化媒体与陌生人交往后，至少与一个见面对象发展成为第三者或婚外恋等非正常婚恋关系。

在心理方面，我们的研究发现了青少年对一些社会化媒体产生了一定程度的“软瘾”，出现不同程度的依赖，这在前文揭示青少年在对社会化媒体“看似无关痛痒，实则无法自拔”的沉迷中深切体会快感与懊悔交织的“游离于爱与痛的边缘的现代情绪”时，已做阐述，此处不再赘述。

另外，我们在对大学生使用社会化媒体的专门调查研究中，也发现了社会化媒体令人“爱恨交加”的双面性。如自我展示类社会化媒体对于大学生的学习态度、公益行为、同情心、金钱价值观、人际关系等均产生了一定程度的积极作用，但对生活规律（熬夜）、上课积极性会产生消极影响，并在心理上会产生一定的媒介依赖；即时通讯类社会化媒体对于大学生的生活规律产生了一定的消极作用；内容分享类社会化媒体对于大学生的饮食习惯、运动习惯、文明素养、上课的积极性均产生了消极作用，但对大学生的公益行为、人际关系均产生了一定的积极作用；社会交往类社会化媒体对于大学生的饮食习惯、文明素养、上课积极性、同情心、金钱价值观均产生了一定程度的消极作用，但对大学生的公益行为、人际关系产生了一定程度的积极作用；自由讨论类社会化媒体对大学生的学习方法、学习态度、生活规律、饮食习惯、运动习惯、文明素养、理性对待谣言、身体素质、同情心、金钱价值观均产生了消极影响，但对大学生的公益行为产生了一定的积极作用。

三、措施与建议

我们的调查研究呈现了青少年使用一些典型社会化媒体的频

率、动机的大致概貌；发现了不同人口背景的青少年对各类社会化媒体的不同使用动机、频率和使用偏好；揭示了不同种类的社会化媒体对青少年既有积极的影响，又有消极的影响；既有某些方面共同的的影响，形成共震作用，又有许多方面不同的影响，形成了分散效应；刻画出了一些青少年对社会化媒体“看似无关痛痒，实则无法自拔”的沉迷及其“游离于爱与痛的边缘的现代情绪”，越轨性访问、熬夜访问、习惯性访问和冷漠性访问带来青少年“虚假的充实”与事后“真实的孤独”之间的恶性循环以及社会化媒体令我们爱恨交加的双面性。针对这些研究发现，我们提出如下政策建议或对策措施。

1. 差别式有效利用

(1) 充分利用社会化媒体引导青少年开展公益行动

我们的研究发现，社会化媒体已成为青少年发起和参与公益行动新平台。共有超四成的青少年在微信里发起过或参加过别人发起的公益活动发起和参与公益行动；在对大学生使用社会化媒体的专项调查研究中，我们也发现自我展示类、自由讨论类、社会交往类、内容分享类这四类媒体对大学生的公益行为都产生了一定的积极作用。这为我们利用社会化媒体引导青少年开展公益行动提供了启发。

相对于传统的公益形式和手段，利用社会化媒体开展公益行动具有诸多优势。首先，社会化媒体独有的传播特点能够使公益需求与捐赠信息在极短时间内得到广泛与迅速的传播，公益项目的实施能够在非常短的时间到得以完成，非常适用于那些必须在短时间内完成对接与捐赠的如医疗抢救方面的紧急公益项目；其次，社会化媒体为青少年实施公益行为供了非常方便、快捷、高效的手段。一方面，它大大降低了青少年发起和组织公益行动的成本，使公益项目宣传、组织的成本可以几乎降为零，且能将视频、图像、动漫、文字、音乐等多种元素相配合，以起到更大的宣传和发动效果。有调查证实，“捐助者被图片和文字打动的程度越深，捐赠力度更大”[①]；另一方面，它为青少年实施公益行动提供了极大的方便，比如当青少年通过社会化媒体获知公益需求后，可以不受空间距离的制约，只需要轻点几下鼠标或手机屏幕即可随时随地献出爱心，实施公益行为。这些均是传统公益手段无法比拟的。

青少年作为社会化媒体的主要用户，我们应充分利用社会化媒体的优势，开展青少年公益行动，不但可以鼓励、培育和引导青少年的志愿精神和公益意识；还能提高青少年存在的社会价值感，促进青少年对社会公共利益的维护。为引导青少年利用社会化媒体开展公益行动，当前应重点工作做好以下三项工作：

首先，充分搭建社会化媒体的公益平台

社会化媒体种类繁多，实际上，几乎所有的社会化媒体都可以成为青少年发起和参与公益行动的平台，但我们研究发现，青少年通过一些社会化媒体如人人网等网络社交媒体发起和参与公益行动的比例还很低，发起和参与度不高，这主要是受到此类媒

① 北京青少年发展基金会，中国青少年研究会．京市青少年慈善需求研究报告[M]．北京：中国青年出版社，2014：140.

体平台的功能限制，所以首先应从技术上开发更多的公益方面的功能，使更多的社会化媒体能像微博、微信一样能够更方便快捷高效地发起和参与公益行动。

其次，加强网络交易安全建设是当务之急

青少年通过社会化媒体开展公益行动，大多要经常借助于网络金融工具。但就当前形势来看，青少年在通过社会化媒体开展公益行动方面，面临着网络交易的风险，一些不法分子利用网络安全漏洞泄露捐赠者的隐私，甚至实施诈骗。保障网络交易安全是青少年通过社会化媒体开展公益行动可持续发展的重要基础。

第三，建立第三方监管机制，推进善款（物）使用信息的公开化和透明化

“公开透明、真实可信是影响公众热情、参与度的重要因素，亦是公益事业发展的重要保障”[①]。新浪微公益明确规定，必须对超过1亿元的善款使用情况进行监督披露，民众可在相关页面查询每一笔款项的使用情况。[②] 然而，绝大部分通过社会化媒体发起和参与的公益项目最终的捐助额都难以超过1亿元。新浪微公益还告别设立了证实方，然而“84.5%的项目发起方和证实方完全一致，出现了‘谁发起谁证实’的奇特现象”。[③] 因此我们建议，对于通过社会化媒体开展的公益项目须引进第三方监管机制，

---

① 北京青少年发展基金会，中国青少年研究会．京市青少年慈善需求研究报告[M]．北京：中国青年出版社，2014：145.

② 贝晓超．社交媒体线上救灾新模式——新浪微博成为寻人、捐助最便利通道[J]．新闻战线，2013（5）：24－26.

③ 北京青少年发展基金会，中国青少年研究会．京市青少年慈善需求研究报告[M]．北京：中国青年出版社，2014：145.

推进善款（物）使用信息的公开化和透明化，做到每笔善款（物）的使用信息都能公开，以提高青少年参与热情与参与度。

（2）充分利用社会化媒体拓宽青少年获取知识的渠道

我们的研究表明，“获取信息，增长知识”是诸多青少年使用社会化媒体的重要动机，我们应从中看到青少年对信息和知识的渴求，充分利用社会化媒体对青少年的吸引力，对青少年的信息和知识诉求做出及时有效的回应。对此，我们提出如下建议：

首先，各级各类少先队、共青团、党支部等组织作为不同年龄段和不同政治面貌青少年的组织之家，应建立自己的微博和微信公众号，针对青少年的实际需要向青少年传播有用的信息和知识，对青少年在学习、考试、升学、生活、交往、求职、工作等方面存在的实际问题和困难做出必要的回应与帮助。

其次，青少年所在的各级各类学校、企事业单位、社会组织等要创新信息和知识发布的渠道，充分利用社会化媒体提供信息、传授知识并开展互动。

第三，教育者如各级各类学校的教师应创新教学方法，充分利用社会化媒体平台对青少年进行实时互动式知识传授，及时回应青少年的知识困惑。

第四，社会化媒体中各类信息和知识泛滥，真假难辨，教育者、家长等着力提高青少年信息筛选和鉴别能力，使其能在汪洋大海式的信息中选择真正有用的可靠信息。

（3）充分利用社会化媒体拓展青少年人际交往的渠道

我们的研究表明，社会化媒体有利于青少年拓展交往的范围，创新交往的手段和方式，促进青少年积累社会资本，并推动青少年用户间的情感交流和实际互助。在我们对青少年使用人人网、微信、与陌生人交往的社会化媒体的调查中均发现了这一点。“关注熟人的动态”、“拓展人际交往”是诸多青少年使用社会化媒体的动机，青少年用户之间通过社会化媒体“结识了新朋友”，“关注和了解了熟人的动态”，“交流了情感”，并给予或得到了社会化媒体结识的新朋友线下的实际帮助，促进了青少年社会资本的积累。我们应充分认识到青少年对于人际交往的迫切需要以及社会化媒体为青少年的人际交往提供的新方式，利用社会化媒体拓展青少年人际交往的渠道。

首先，应认可青少年通过社会化媒体组建各类兴趣群，通过社会化媒体搭建各类兴趣社区，建立趣缘友谊，开展交流探讨与互助活动。

其次，加强对青少年网络兴趣社区的监管和引导，关键是要培育青少年虚拟社区中代表正确舆论导向的“意见领袖”和青少年偶像。

第三，构建教师、家长与青少年之间新型的“陪伴式”互动关系。通过社会化媒体拓展人际交往之所以深受青少年的追逐，一个重要的原因就是缘于现实生活中教师、家长等不能以平等对话的姿态与青少年交往而导致与青少年之间关系的疏离。所以，教师、家长等应该认识到社会化媒体互动的“平等、对话、引导”的新媒体规律，与青少年之间形成“陪伴者”的互动关系，以平等对话的姿态关注青少年的学习生活，关爱青少年的成长成才，以人格魅力吸引青少年关注，以关心赢得青少年的跟随，在潜移默化中真正成为青少年心悦诚服的“朋友”和“人生导师”。

2. 分类化精准监管

(1) 重点监管目标媒体

我们的研究发现，不同种类的社会化媒体对青少年具有不同的影响，既有积极的，也有消极的。在消极的影响方面，不同类型的社会化媒体的影响有大有小，我们应首先确定影响较大的目标媒体，进行重点监管。

我们对大学生使用社会化媒体的调查研究发现，以各类论坛形态存在的自由讨论类社会化媒体对大学生的危害最大。自由讨论类社会化媒体以话语的自由表达为主要特征，这深深地吸引了以自由和个性为价值追求的当代青少年。然而，自由讨论类社会化媒体在满足青少年对自由言论和个性表达的需求的同时，也极可能成为网络谣言及青少年非理性情绪滋生、蔓延、传播和极化的通道。因而，自由讨论类社会化媒体应是相关行政主管部门、技术提供商和社会力量规范和监管的重中之重。

我们对大学生使用社会化媒体的调查还发现，以各类在线视频形式存在的内容分享类社会化媒体和以交友类网站形态存在的社会交往类社会化媒体对青少年的影响是弊多利少，应是规范和管理的重点目标媒体。

我们对青少年使用视频分享类社会化媒体的调查也发现，视频分享类社会化媒体已成为青少年观看影视剧的主要平台，相对于传统电视媒体而言，视频分享类社会化媒体平台上的影视剧主题和内容“良莠不齐”，更有相当多以暴力和色情内容为噱头的各类系列的欧美的、日韩的“深夜剧”吸引着大量的青少年观看与传播。一些青少年在学习或工作时间访问此类媒体，甚至“经常”逃课观看视频，“经常”浏览暴力内容和色情内容。在心理影响方面，超四成的青少年有不同程度的依赖性，超两成青少年睡眠减少，超三成青少年将访问该类媒体当成睡前“必修课”，少数青少年因使用该类媒体更具暴力倾向和性冲动，有超三成的青少年与朋友一起面对面聚会的时候还经常或有时使用视频分享类社会化媒体，对现实生活中的人际交往产生了不利影响。同时，青少年对“社会突发事件类视频”和“时政类新闻视频”感兴趣，这一点也必须引起重视，尤其是青少年通过视频分享类社会化媒体对社会突发事件的关注更应引起我们的重视，因为社会突发事件通过视频分享类社会化媒体传播时更容易激起是青少年的情绪反应，且一旦视频内容通过“移花接木”的方式进行谣传，将可能导致青少年对谣言信以为真，从而更容易引起青少年非理性情绪的扩散，引发网络群体性事件。

我们对青少年使用人人网的调查也发现，高频率长时间使用者更可能是肥胖者，人人网是青少年越轨行为的温床，有超一半的青少年用户使用过不文明语言或浏览过暴力或色情内容。对青少年使用与陌生人交往的社会化媒体的调查还发现，在通过“查找附近的人”“摇一摇”等与陌生人交往的社会化媒体与陌生人见过面的青少年中，遭遇上当受骗的青少年就有两成，与见面对象发展为“暧昧关系”、“非正常恋人”、“一夜情”、“长期性伙伴”等非正常关系的男性青少年有一半以上，女性有三成以上。在心理方面，一些青少年也已对人人网表现出一定的网络社交“软瘾”

症状特征。

综上，我们的建议是，以各类论坛形成存在的自由讨论类社会化媒体应是监管的重中之重，以各类在线视频等形式存在的内容分享类和以各类交往网站和“查找附近的人”“摇一摇”等形式存在的社会交往类社会化媒体是监管的重点。

(2) 细化监管目标人群

调查发现，不同人口统计学背景的青少年使用社会化媒体有不同的动机、频率、偏好及影响。所以对青少年的监控不能采取统一模式和途径，必须细化性别、年龄、年级、学历、户口、是否独生子女等人口背景，确定目标人群，进行分类监管。如，我们的研究发现，非农业户口和独生子女群体的大学生以及高年级和文科生更倾向于使用危害最大的自由讨论类媒体，因而我们建议，在重点对自由讨论类社会化媒体进行监管的同时，要重点监控这些群体对自由讨论类社会化媒体的使用。再如，我们的研究还发现，男性青少年使用与陌生人交往的社会化媒体时，其持不良动机以及与陌生人见面后与见面对象发展成为非正常关系的可能性均高于女性青少年，所以在对“附近的人”“摇一摇”“陌陌”等用于与陌生人交往的社会化媒体进行监管时，男性青少年也亦同时成为我们监控的目标人群。对青少年使用微信的调查研究发现，男性青少年更关注社会突发事件，高年龄段更想认识陌生人，所以在对微信的使用进行监管时，男性青少年和高年龄的青少年应成为重点监控的目标人群，等等。

（3）相关主体分类监管

在监管过程中，各相关主体应根据不同社会化媒体对不同背景的青少年的不同影响，各施其责，分类监管，相互配合，形成合力。我们的提出的措施或建议主要有：

其一，政府应加快推进社会化媒体监管的规范化和制度化建设。

政府的主要任务是加快推进社会化媒体监管的规范化和制度化建设，当前紧迫的工作有：①加快推进社会化媒体监管的立法立规工作，细化社会化媒体包括政府部门、社会化媒体的技术提供商、社会化媒体的内容服务商等各利益相关者的责任。法律和规章制度的缺位和漏洞是当前社会化媒体监管混乱的重要原因。②加大对社会化媒体内容发布的审核和监管力度，并规定青少年的各级各类组织、各类教育主体和监护人在审核社会化媒体内容发布和审核方面的程序和责任。③实施社会化媒体尤其是内容分享类社会化媒体的分级管理制度，细化不同年龄段青少年可以被允许观看或传播的视频、图片等内容的限度。因为我们的研究发现，一些青少年经常通过社会化媒体访问色情和暴力内容。④实行必要的限网“双规”制度。如，教育行政主管部门应被授权限定各级各类学校在规定的时间内（如上课和夜间某个时间点以后）和规定的区域内（如学习场所）禁止学生通过无线或有线方式连接互联网，这可通过网络通讯行业的技术得以实现。因为我们的研究已经发现，相当比例的青少年经常逃课、熬夜、在上课时间等访问社会化媒体。

其二，社会化媒体的技术提供商必须破除“技术中立”思想，对内容负起相应法律责任。

我们认为，社会化媒体的技术提供商必须摒弃“技术中立”的思想，对内容服务商提供的内容负起相应责任，具体责任的限定由立法机关立法或政府部门制定规章制度细化。因为现实的情况往往是，“技术与内容无关”成为社会化媒体的技术提供商逃避责任的借口，如百度对“魏则西事件”的回应；也是虚假信息、色情暴力内容可以在社会化媒体里泛滥的重要原因。我们的研究也发现，一些青少年可以通过社会化媒体观看到传统媒体如电视无法观看到的色情和暴力视频。近年来，频频曝光的网络直播里的淫秽表演等与社会化媒体的技术提供商对内容的服务商提供的内容不负责任的心理认识有关。

其三，社会化媒体的内容服务商，应对传播内容负主要法律责任和社会责任。

社会化媒体的内容服务商是直接面对青少年用户的主体，其应对提供的内容负主要责任。其提供的内容一方面要坚守法律的底线；另一方面，社会化媒体的内容服务商应有其“价值倾向性，它并非人们所称的价值无涉或价值中立”[①]，它还应声张人们对核心价值观的诉求，这是时代赋予社会化媒体内容提供商的更高要求，也是体现传媒文明之所在。通过大众媒介形成较强的公德舆论，是形成社会公德意识的方式之一[②]。尤其是面对广大的青少年，更应如此。青少年群体对国家和社会进步和发展的特殊作用无须赘言，要特别强调的是他们还处于特殊的成长阶段，相对于

① 董金权．大众传媒对大学生群体形象的构建［J］．青年研究，2012（2）：21.

② 陈力丹．舆论学——舆论导向研究［M］．中国广播电视出版社，1999：293.

其他群体，他们更容易受到不良信息和内容的诱导，产生非理性情绪、错误的价值观或越轨行为。所以，社会化媒体的内容服务商除了应对内容负起法律责任，还应负起道德责任和社会责任，要应时代要求，传主流价值，倡主流文化。

其四，青少年所在的各级各类组织、各级各类教育主体和监护人应实时跟踪青少年使用社会化媒体的动态。

作为青少年在现实生活中的纽带和社会化的“场域”，青少年所在的各级各类组织如共青团、各级各类教育主体如学校和监护人如家长或其他监护人是对青少年使用社会化媒体监管的重要力量，其对青少年的社会控制作用是其他力量无法比拟的，是对青少年使用社会化媒体进行监管的关键一环。我们认为，此类主体主要的任务是成为青少年贴心的伙伴，以这种新型的互动关系融入到青少年的“朋友圈”，实时跟踪和及时掌握青少年使用社会化媒体的动态，并成为青少年在虚拟社区的“意见领袖”。

其五，相关技术行业加大技术研发，以技术制约技术。

相关科研部门、高等院校、软件企业应大力加强相关技术研发，致力于研发保护青少年安全使用社会媒体的高效过滤功能软件，以技术制约技术。如通过软件技术自动过滤网络不良信息，智能屏蔽非法网站，有“应急按钮”可在线及时报警，可自主设定时间管理，可查询历史访问记录设置，可推荐健康网站等等。政府也应通过委托、招标、政府购买等形式鼓励此类技术的开发。

3. 针对性因材施教

(1) 大力开展青少年媒介素介教育

我们在调查中也发现，青少年对社会化媒体的理性认识较为欠缺，尤其表现在对信息的鉴别和批判能力上还相当薄弱，青少年媒介素养教育已迫在眉睫。

首先，各级各类学校应根据学校实际和青少年的不同情况如年龄、年级、性别等开设或增设不同内容的媒介素养方面的必修课或选修课，将媒介素养教育融入思想政治理论课，或以公选课、必修课形式纳入学生必须接受和参与的通识教育内容；其次，应准确定位教育目标，合理安排教学内容，科学设置课程形式，不断改进教学方法，加强媒介素养教育，形成媒介素养教育新体系；第三，要注重知识、能力和人格三种教育并重综合发展，使学生既掌握媒介知识和媒介信息处理能力，又提升网络道德素养，增强社会责任意识；第四，以专题形式分步骤进行“认知媒介、辨析信息、批判思维、善用媒介、参与媒介”等内容的教学①；第五，通过理论传教的同时，可开展分组讨论、情景模拟、个案研究等方法，来强化实践教学，并且组织开展各种形式的媒介素养实践活动。

---

① 蒋杭玲．自媒体视域下大学生媒介素养教育研究——基于浙江工业大学大学生微博使用现状调查［D］．浙江工业大学，2013.

（2）充分利用社会化媒体的“高速公路”开展青少年思想教育

我们的研究发现，在对青少年开展思想教育时，教育者往往不能适应社会化媒体时代的新环境对其提出的新要求，如我们对高校辅导员与大学生使用微博的对比研究就发现了高校辅导员相对于大学生在微博使用上明显的滞后性，不能很好地把握社会化媒体的特点与规律，不能很好地适应社会化媒体时代青少年的话语体系与大学进行有效沟通，不能有效地利用微博等社会化媒体的“交互性”与大学生进行思想互动。紧跟时代特点，占领社会化媒体新的思想教育阵地，已是教育者十分紧迫的任务。

首先，主动适应社会化媒体时代的新环境和新要求，占领社会化媒体思想教育阵地。实际上，社会化媒体理应而且也能够成为教育者获取青少年最新思想动态的“高速公路”。教育者必须及时更新观念，增强新媒介素养，掌握社会化媒体的特点及社会化媒体时代思想教育的基本规律，把握新机遇，适应新要求，运用新的手段和方式，开展青少年思想教育。

其次，各级各类学校以及共青团、党支部等青少年所在的党团组织应顺应社会化媒体的新形势，通过自己的微博和微信公众号等，通过培育代表正确自己的“意见领袖”，加强舆论引导，宣传正能量，引导青少年树立正确的人生观、价值观和世界观。

第三，思想教育要适应社会化媒体环境下青少年新的话语体系，以提高沟通效果，增强其亲和力和感染力，才能取得好的效果。

（3）区别不同媒体、不同群体和不同方面，开展针对性教育

首先，区别人口背景开展针对性教育。

我们的研究发现，不同人口背景的青少年使用社会化媒体的频率、动机、偏好，以及社会化媒体对不同人口背景的青少年的影响，在部分变量上是存在统计学上的显著差异的，因此在开展相应教育活动时应区别开青少年的人口背景，使教育更具针对性。如开展青少年的交往动机教育时，男性青少年使用一些社会化媒体的不良动机明显高于女性，所以使用社会化媒体进行交往的动机教育方面，男性青少年应列为重点；再如，我们在对青少年使用微信的调查发现，高年龄段更想通过微信认识陌生人，而低年龄段则更因为好奇而使用微信，故而，我们的教育应是针对使用微信的高年龄段的青少年侧重于开展交往动机、交往安全教育，而对于使用微信的低年龄青少年应侧重于解读微信的工具属性，普及相关知识，降低其好奇感；在对青少年使用视频分享类社会化媒体时发现，男性青少年更关注社会突发事件类视频，故而在对社会突发事件话题的讨论引导过程，应更重点关注视频分享类社会化媒体的男性高频使用者。

其次，区别社会化媒体的类型开展针对性教育。

我们的研究发现，不同类型的社会化媒体对青少年的不良影响也体现在不同的方面，因此在开展相应教育活动时，还应区别社会化媒体的类型，提高教育的针对性。如，我们对大学生这个群体使用社会化媒体的专项调查研究表明，自由讨论类、社会交往类这两类媒体均对大学生的价值观产生了消极影响，因此，在对大学生价值观的教育上应重点针对此两类社会化媒体的高频使用者；而自由讨论类、社会交往类、内容分享类这三类媒体对大学生的文明素养都产生了不良作用，因此在对大学生的媒介文明素养的教育上，就重点针对此三类媒体的高频使用者；再如，在对青少年使用微信的调查研究中发现，微信确实对青少年的学习产生了不利影响，因而在我们在引导青少年将注意力集中到学习上时，就应高度关注微信的高频使用者；在对青少年使用与结交陌生人的社会化媒体调查中发现，两成左右的使用者遭遇到受害或实施了违法犯罪行为，故而，在使用社会化媒体的交往安全方面教育时就应高度关注微信“查找附近的人”、“陌陌”等社会化媒体的高频使用者等等。

第三，针对“软瘾”，开展心理健康教育和干预

我们对青少年使用社会交往类、内容分享类社、即时通讯类等社会化媒体的调查研究均发现了青少年不同程度的软瘾，表现为“看似无关痛痒，实则无法自拔的沉迷”，对社会化媒体存在不同程度的媒介依赖，因此针对性的心理健康教育和干预就必不可少。一方面各级各类学校应增设相应的心理指导课程，另一方面，不仅各高等院校，而且中小学均应成立心理咨询机构。相对于其他心理问题，“软瘾”有其自身的特殊性，一是它属于新的问题，有明显的时代特点，与网络技术的快速发展以及剧烈的社会变迁等有着密切的关系，二是它的发展势头迅猛。所以应加快培育和引进专业的心理专家和咨询师。在开展心理健康教育和心理干预过程中，因应预防为主，建立青少年心理档案，及时跟踪青少年的心理状况，一旦发现问题应及时进行心理干预和治疗。

(4) 丰富青少年的业余生活，降低其孤独感

我们的研究发现，孤独感与某些社会化媒体如微信的使用频率之间呈正向关系，而未发现孤独感与任何一类社会化媒体的使

用频率呈反向关系，也就是说，使用社会化媒体并不能减少青少年的孤独，而恰恰相反的是，使用一些社会化媒体的频率越高可能会加深青少年的孤独感，当然，亦可能是孤独感越深，越可能使用社会化媒体。然而，无论两者之者是谁因谁果或互为因果，降低青少年的孤独感均是必要的。另外，我们还研究发现，在使用结交陌生人的社会化媒体时，越是孤独的青少年，就越有可能持有寻找非正常婚恋对象、寻找红颜知己、寻找一夜情的动机。因此，我们认为，丰富和充实青少年的业余生活，降低其孤独感，是我们引导青少年合理适度使用社会化媒体的一条重要而且有效的途径。正如 Judith Wright 所说的："生活充满了更丰富的节目，自然就不需要软瘾来填补空虚和空白了"[①]。

（5）青少年应针对性开展自我教育

"在对个人的教育中，自我教育则是起主导作用的方法之一"[②]。青少年自身应正确认识到社会化媒体工具性的本质属性，在使用社会化媒体的过程中，加强自身的调节和自控能力，有目的、有计划地使用社会化媒体。放下感性的媒介依赖，理性的将社会化媒体"为我所用"。放下感性的媒介依赖，从理性层面自主且深刻的意识到社会化媒体作为工具的本质属性。

首先，应正确地认识到社会化媒体只是用来提高学习效果、获取有用的知识、拓展交往、休闲娱乐的工具和手段，而非目的。清晰地认识到其双面性，明确合理使用所带来的益处，以及过度

① 软瘾［EB/OL］. http：//baike. baidu. com/view/4904932. htm.

② ［苏］B. A. 苏霍姆林斯基. 给教师的一百条建议［M］. 天津人民出版社，1981：207.

使用和不正确会给自身带来的危害。

其次，在使用社会化媒体时应自觉抵制不良信息。使用前，对使用的时间、方式等要有合理的计划并严格执行；使用中对各种不良信息和内容自觉得抵制和远离；使用后能及时转移注意力，回归正常的现实生活。

第三，以道德感约束自己的行为。亚当·斯密指出："被人们恰当称为节制的那种美德，其本质就在于控制身体的那些欲望。将它们限制在健康与财富的考量所指示的范围内，是审慎之德的本分。但是，把它们限制在优雅、合宜、细致与谦逊的考虑所要求的范围之内，则是节制之德的职责。"[①] 即青少年要懂得运用道德来约束对于社会化媒体里各类不良内容的诱惑。

第四，不将社会化媒体作为逃避现实的工具。我们的研究证实，一些社会化媒体的使用频率与孤独感之间存在正向关系，使用一些社会化媒体并不能使我们排解真实的孤独，反而可能加重青少年的孤独感，长期使用还会使青少年产生媒介依赖。因此，它并不能成为我们逃避现实的工具。青少年应积极面对现实，更多地在现实生活中进行人际交往，进行情感交流，并培养健康的兴趣爱好，丰富现实生活中的业余生活。

---

① ［英］亚当·斯密．道德情操论［M］．谢宗林译．中央编译出版社，2010：28.

参考文献

一、英文文献

[1] Antony Mayfield. What is social media [EB/OL]. icrossing. co. uk/ebooks.

[2] Dion Hinchcliffe: social media goes mainstream [EB/OL]. http://web2. socialcomputingmagazine. com/social _ media _ goes _ mainstream. html, 2007.

[3] Dykeman, D. How do you define social media [EB/OL]. http://broadcasting-brain. com/2008/02/09/how-do-you-

define-social-media.

[4] Kietzmann, Jan H, Kristopher Hermkens, McCarthy, IanP and Silvestre, Bruno S. Social media? Get serious! Understand-ing the functional building blocks of social media [J]. Business Horizons, 2011, 54 (3): 241—251.

[5] Loader B D, Mercea D. Networking democracy? Social mediainnovations and participatory politics [J]. Information, Com-munication & Society, 2011, 14 (6): 757—769.

[6] Lievrouw L. Alternative and activist new media [J]. Polity, 2011.

[7] Mackenzie D, Wajcman J. The Social Shaping of Technology: How the Refrigerator Got it Hum [M]. Milton Keynes: OpenUniversity Press, 1985.

[8] Mc Leod D M, Kosicki G M, Mc Leod J M. Resurveying the · 20 · boundaries of political communication effects [J]. Mediaeffects: Advances in theory and research, 2002, (2): 1—18.

[9] Papacharissi Z. A private sphere: Democracy in a digital age [J]. Polity, 2010.

[10] Strauss, Judy and Frost, Raymond. E-Marketing, 5/E [M]. New Jersey: Prentice Hall, 2009.

[11] Safko, Lon and Brake, David K. The Social Media Bible: Tactics, Tools, and Strategies for Business Success [M]. New Jer-sey: John Wiley & Sons, Inc. , 2009.

[12] Wikipedia. Social media [EB/OL]. http：//en. wikipedia. org/ wiki/Social _ media.

[13] Woo-Young C. Online civic participation，and political em-powerment：online media and public opinion form ation inKorea. Media [J]. Culture & Society，2005，27（6）：925—935.

二、中文文献

[1] 鲍昊喆，董金权．社会化媒体对青少年影响研究述评 [J]. 黑河学院学报，2015（2）：36—38.

[2] 北京青少年发展基金会，中国青少年研究会．京市青少年慈善需求研究报告 [M]. 北京：中国青年出版社，2014：140，145.

[3] 贝晓超．社交媒体线上救灾新模式——新浪微博成为寻人、捐助最便利通道 [J]. 新闻战线，2013（5）：24—26.

[4] 曾繁旭，黄广生．网络意见领袖社区的构成、联动及其政策影响：以微博为例 [J]. 开放时代，2012（4）：115—131.

[5] 陈剑梅．网络消费流行的社会心理原因及营销策略 [J]. 商业时代，2010（7）：31—32.

[6] 陈力丹．舆论学——舆论导向研究 [M]. 中国广播电视出版社，1999：293.

[7] 丁海曼. 电视传播的哲学 [M]. 北京：北京广播学院出版

社，2001.

[8] 董金权，姚成．大众传媒对大学生群体形象的构建［J］．青年研究，2012（2）：21.

[9] 付晓丽．大学生消费行为的社会学研究［J］．中国青年研究，2009（9）：73—77．

[10] 高原．鲍德里亚社会消费理论探析［D］．黑龙江大学，2009.

[11] 郭玉锦，王欢．网络社会学［M］．北京：中国人民大学出版社，2005：66.

[12] 何先友．青少年发展与教育心理学［M］．北京：高等教育出版社，2009：4.

[13] 黄佑聪．大学生网上消费认同研究——以中南大学为例［D］．中南大学，2011.

[14] 蒋杭玲．自媒体视域下大学生媒介素养教育研究——基于浙江工业大学大学生微博使用现状调查［D］．浙江工业大学，2013.

[15] 焦勇兵，高静，杨健．顾客采纳社会化媒体的影响因素——一个理论模型及其实证研究［J］．山西财经大学学报，2013（7）：48.

[16] 林崇德，李庆安．青少年身心发展特点［J］．北京师范大学学报（社会科学版），2005（1）：49，50，52.

[17] 刘斌，于瀛．大学生软瘾现状调查分析及对策研究［J］．辽宁大学学报，2013（4）：155—160.

[18] 马为公，罗青．新媒体传播［M］．北京：中国传媒大学出

版社，2011.

[19] [美] 梅尔文·德弗勒，桑德拉·鲍尔洛基奇，大众传播学绪论 [M]. 杜力平，柯雄，译．北京：新华出版社，1999．

[20] 莫晓春．关于青少年年龄界定问题的思考 [J]，广东青干部学院学报，2009（2）：39.

[21] 彭晶．大学生使用微博的行为分析及对策思考 [J]. 思想理论教育导刊，2013（6）：126－128.

[22] [苏] B. A. 苏霍姆林斯基．给教师的一百条建议 [M]. 天津：天津人民出版社，1981：207.

[23] 钛媒体. 微信月活跃用户破 7.6 亿，快赶上 QQ 了 [EB/OL]. http：//business. sohu. com/20160520/n450508941. shtml.

[24] 唐魁玉，尼世伟．基于电子商务的网络消费方式 [J]. 中国海洋大学学报，2003（1）：90－92.

[25] 唐兴通．社会化媒体营销大趋势——策略与方法 [M]，北京：清华大学出版社，2011：5—6.

[26] 王经涛．青少年网络道德教育 [M]. 北京：开明出版社，2001：67－69.

[27] 王璐．网络不仅仅是时尚 [N]. 山西日报，2009（2）．

[28] 王明会，丁焰，白良．社会化媒体发展现状及其趋势分析 [J]. 信息通信技术，2011（5）：7.

[29] 王晓光．社会性媒体初论 [EB/OL]. http：//www. epuber. com/？P＝2922.

[30] 王兴. 美团发展战略[EB/OL]. http://media. people. com. cn/

GB/120837/17649955. html1,2012－4.

[31] 微博2015年用户、活跃度、收入增速创新高 [EB/OL]. http：//news. sina. com. cn/m/roll/2016 — 03 — 03/doc — ifxqaffy3552972. shtml.

[32] 韦路，丁方舟 . 论新媒体时代的传播研究转型 [J]. 浙江大学学报（人文社会科学版），2013（4）：93－103.

[33] 文希 . 中国社会化媒体全景图：百余家网站20大类型 [EB/OL]. http：//www. west. cn/info/html/IDCzixun/yumingzhuce/20120409/2777751. html

[34] [西班牙] 曼威·卡斯特、陈韬文等 . 中国、传播与社会网络 [J]. 收录于陈韬文，黄煜，马杰伟等 . 与国际传播学大师对话 [M]. 北京：中国人民大学出版社，2011.

[35] 杨珍 . 社会化媒体引发了传媒业格局的改变 [J]. 新闻知识，2010（5）：59－60.

[36] [英] 亚当·斯密 . 道德情操论 [M]. 谢宗林译 . 北京：中央编译出版社，2010：28.

[37] 云天 . 青少年网上消费的特点 [J]. 北京工人，2000（5）：35－36.

[38] 张红明，李庆梅 . 大学生网络消费行为细分——基于网络消费目的的实证研究 [J]. 商场现代化，2007（19）：66－67.

[39] 郑淮 . 场域视野下的学生社会性发展研究 [D]. 重庆：西南大学，2003.

[40] 中国互联网络信息中心 . 第37次中国互联网络发展状况统计报告 [EB/OL]. http：//www. cnnic. net. cn/hlwfzyj/hl-

wxzbg/hlwtjbg/201601/t20160122 _ 52624. htm.

[41] 周曦 . SNS 网站对于大学生同学间人际关系的影响——以“校内网”为例 [D]. 厦门大学，2009.

附录

附录1：青少年使用人人网调查问卷

您好！我们是安徽工程大学“青少年使用人人网调查研究”课题组，此次调查主要是为了了解青少年使用人人网情况及其影响。本问卷实行匿名填写，且所有数据仅用于统计分析，请您放心如实填写。问卷不会占用您太多时间，答题前请仔细阅读题目和要求，谢谢您的参与。

填表说明：

答案无正确错误之分，请在每一个问题后适合您自己情况的答案序号上“√”，或在____处填上适当的内容；

如无特殊说明，每一个问题只能选择一个答案；

填答问卷时请根据您的实际情况填写，不要与他人商量。

下面请您填写问卷：

1. 您的性别是？

A. 男　　B. 女

2. 您的年龄是（）周岁？

A. 14－18　　B. 19－23　　C. 24－28

3. 您的户口是 ：

A. 农业户口　　B. 城镇户口

4. 您目前是在校学生吗？

A. 是　　B. 不是

5. 您目前最高学历是？

A. 初中及以下　　B. 高中或中专　　C. 大专

D. 本科　　E. 硕士及以上

6. 您的学习成绩

A. 班级前 1/3　　B. 班级中间 1/3

C. 班级后 1/3　　D. 您不是在校学生

7. 对于“您常感到寂寞”的同意程度

A. 非常同意　　B. 比较同意　　C. 有点同意

D. 不同意　　E. 非常不同意

8. 您的身体肥胖程度

A. 非常肥胖　　B. 比较肥胖　　C. 有点肥胖

D. 肥瘦适中　　E. 偏瘦　　F. 很瘦

9. 您的性格

A. 非常外向　　B. 比较外向　　C. 中性

D. 比较内向　　E. 非常内向

10. 您平时的娱乐方式是什么？[多选题]

A. 参加体育运动　B. 上网浏览新闻　C. 上网聊天

D. 和朋友一起逛街　　E. 唱 KTV

F. 上网看电影或电视剧

G. 看书、听音乐上网玩游戏旅游　　H. 其他

11. 您所了解的社会化媒体有哪些？[多选题]

A. 新浪微博　　B. 腾讯微博　　C. 微信

D. QQ　　E. QQ 空间　　F. 人人网

G. 陌陌　　H. 天涯社区　　I. 优酷视频

J. 腾讯游戏

12. 您对政府的信任程度

A. 非常信任　　B. 比较信任

C. 比较不信任　　D. 非常不信任

13. 你身边有人在使用人人网的吗？

A. 大部分人　　B. 少数人　　C. 没有　　D. 不清楚

14. 您使用过人人网吗？

A. 有　　B. 无

若选无，请直接跳到最后一题：

15. 请选出你使用人人网的原因 [多选题]

A. 好奇　　B. 结交新朋友

C. 关注熟人和朋友的动态

D. 交流培养感情　　E. 了解最新资讯

F. 周围人都用，我不用就落伍了

G. 想让别人了解自己的动态

H. 想发布自己的生活信息

I. 想发布除自己生活信息之外的其他信息（如资讯、娱乐视频等）

J. 访问人人网成为我空闲时间的一项习惯

K. 为了获得娱乐

L. 打发无聊时光　M. 其他

16. 您平常上人人网的频率是多少呢？

A. 基本每大都会访问至少 1 次

B. 每 2～3 天会访问 1 次

C. 每 4～5 天会访问 1 次

D. 6－7 天访问 1 次

E. 超过 7 天以上才会访问 1 次

17. 在此类媒体中您的好友数量有多少？

A. 1－100 人　B. 101－200 人

C. 201－300 人　D. 301 人以上

18. 您的好友有多少是现实中的？

A. 基本上都是　B. 大部分是

C. 少数人是　D. 基本上不是

19. 你是否会使用人人网与好友进行互动？

A. 每天都会　B. 经常会　C. 偶尔会

D. 几乎不会　E. 从不

20. 您一般用什么登陆人人网？

A. 电脑　　　　B. 手机（或 IPAD）　　C. 两者都用

21. 在以下时间您使用人人网的频率

（1）在学习（在校生）或工作（非在校生）时间

A. 经常　B. 有时　C. 比较少　D. 从不

（2）夜间 11 点以后

A. 经常　B. 有时　C. 比较少　D. 从不

（3）在等待（如等待吃饭、排队等）时间

A. 经常　B. 有时　C. 比较少　D. 从不

（4）在躺在床上准备睡觉的时候

A. 经常　B. 有时　C. 比较少　D. 从不

（5）与朋友一起聚会的时候

A. 经常　B. 有时　C. 比较少　D. 从不

22. 您喜欢在人人网上发布什么内容（可多选）？

A. 发布生活照片

B. 评论并转发朋友的日志、动态

C. 发布自己的心情、写日志

D. 记录自己的生活经历

E. 其他

23. 您在人人网里发起过公益活动吗？

A. 发起过　　　B. 没发起过

24. 对于在人人网里有人发起的公益活动，您

A. 参加过　　　B. 没参加过

25. 你是在通过网络和好友交流多还是在现实生活中和好友交流多

A. 网上　　B. 现实　　C. 差不多

26. 对于“您长时间（3 天及以上）不访问人人网会有一种失落感”的同意程度

A. 非常同意　　B. 比较同意　　C. 有点同意

D. 不同意　　E. 非常不同意

27. 你认为网络实名制如何?

A. 很好　　B. 较好　　C. 无所谓

D. 不好　　E. 非常不好

28. 你会推荐人人网给周围的人使用吗?

A. 坚决不会　　B. 肯定会的

C. 已经玩了，不必我推荐

D. 看情况

29. 你觉得自己在人人网中的表现和生活中一样吗?

A. 完全一样　　B. 基本一样

C. 不太一样　　D. 完全不同

30. 您认为以人人网对自己的日常生活带来了哪些不利影响?

A. 淡化了与现实生活中的朋友的关系 B. 隐私泄露

C. 耽误了学习或工作　　D. 视力下降

E. 我在人人网里使用过不文明语言（如侮辱、骂人、脏话等）

F. 我在人人网里浏览过暴力、色情内容

G. 其他

31. 您认为使用人人网对自身有哪些好处?［多选题］

A. 与面对面聊天相比，我感到更能表达想要表达的意思

B. 我通过人人网结识（即通过线上结识发展到线下交往）的要好的朋友非常多

C. 我曾得到过这类媒体结织的新朋友的帮助

D. 丰富了业余生活

E. 认识有共同兴趣爱好的朋友

F. 放松心情，达到娱乐的效果　　　G. 其他

32. 您认为人人网的发展前景如何？

A. 很好，会发展越来越大

B. 不好，会逐渐被人放弃

C. 不好说，需待观察

33. 您对青少年在使用人人网有什么建议：

____

我们的问卷到此结束，感谢您的配合！

安徽工程大学“青少年使用人人网调查研究”课题组

附录2：青少年使用视频分享类社会媒体调查问卷

您好！我们是安徽工程大学“青少年使用视频分享类社会媒体情况调查研究”课题组，此次调查主要是为了了解青少年使用视频分享类社会媒体情况及其影响。本问卷实行匿名填写，且所有数据仅用于统计分析，请您放心如实填写。问卷不会占用您太多时间，答题前请仔细阅读题目和要求，谢谢您的参与。

填表说明：

答案无正确错误之分，请在每一个问题后适合您自己情况的答案序号上“√”，或在____处填上适当的内容；

如无特殊说明，每一个问题只能选择一个答案；

填答问卷时请根据您的实际情况填写，不要与他人商量。

下面请您填写问卷：

1. 您的性别是（　　）

A. 男　　B. 女

2. 您的年龄是________周岁

A. 14—18　　B. 19—23　　C. 24—28

3. 您目前是在校学生吗

A. 是　　B. 不是

4. 您目前最高学历是

A. 初中及以下　　B. 高中或中专　　C. 大专

D. 本科　　E. 硕士及以上

5. 您的身体肥胖程度

A. 非常肥胖　　B. 比较肥胖　　C. 有点肥胖

D. 肥瘦适中　　E. 偏瘦　　F. 很瘦

6. 您对政府的信任程度

A. 非常信任　　B. 比较信任

C. 比较不信任　　D. 很不信任

7. 您的学习成绩

A. 班级前 1/3　　B. 班级中间 1/3

C. 班级后 1/3　　D. 您不是在校学生

8. 您每月的生活费（学费与学习用品费用除外）大约

是（　　）

A. 500 元以下　　B. 501—1000 元

C. 1001—1500 元　　D. 1501 元以上

9. 您手机每月所用的网络流量大约是________M（兆）

A. 100M 以下　　B. 101－150M

C. 151－500M　　D. 500M－1G

E. 5.1G 以上

10. 您是否是独生子女（　　）

A. 是　　B. 否

11. 您觉得您的性格是（　　）

A. 非常外向　　B. 比较外向　　C. 中性的

D. 比较内向　　E. 非常内向

12. 对于“您常感到寂寞”的同意程度

A. 非常同意　　B. 比较同意　　C. 有点同意

D. 不同意　　E. 非常不同意

13. 以下视频媒体类型中，你使用过的有（　　）（可多选）

A. 土豆网　B. 优酷网　C. 酷 6 网　D. 搜狐视频　E. 爱奇艺　F. 迅雷看看　G. 腾讯视频　H. PPS　I. 乐视网　J. 暴风影音　K. 百度影音　L. 快播　M. 一个都没使用过

若选择“M. 一个都没使用过”答题到此结束

14. 您是否在以上视频类媒体上上传过视频内容（　　）

A. 每天都上传　　B. 经常上传

C. 偶尔上传　　D. 从未上传

15. 您感兴趣的视频有（　　）（可多选）

A. 时政类新闻视频　B. 社会突发事件视频　C. 学习类视频

D. 搞笑类视频　E. 综艺类视频　F. 他人隐私性类视频

G. 影视剧　H. 其他（请注明）________

16. 您最感兴趣的视频是（　　）限选 1 项

A. 时政类新闻视频　B. 社会突发事件视频　C. 学习类视频

D. 纯属搞笑类视频　E. 综艺文体类视频

F. 他人隐私性类视频　G. 影视剧

8. 其他（请注明）________

17 您每次使用这类媒体的时间平均是（　　）

A. 1 小时以下　　B. 1—2 小时　　C. 2—3 小时

D. 3—4 小时　　E. 4 小时以上

18. 您通过什么途径使用这类媒体的（　　）

A. 电脑　　B. 手机（或 IPAD）

C. 以上两者都用

19. 您使用视频类媒体的频率是（　　）

A. 基本每天都会访问至少 1 次

B. 每 2～3 天会访问 1 次

C. 每 4～5 天会访问 1 次

D. 6—7 天访问 1 次

E. 超过 7 天以上才会访问 1 次

20. 您认为使用这类媒体对自己是否有影响（　　）

A. 有　　B. 没有

21. 您认为您在使用视频类媒体后发生的变化有（　　）（可多选）

A. 更接受一个人独处了　B. 对异性的身体产生了更大兴趣

C. 更具有性冲动　D. 更具有暴力倾向　E. 睡眠少了

F. 无任何变化　G. 其他，请填写

22. 您是否有过以下行为（　　）（请在不同程度上打“√”）

因为使用这类媒体而逃课	从不	较少	偶尔	经常
浏览过暴力内容	从不	较少	偶尔	经常
浏览过色情内容	从不	较少	偶尔	经常

23. 在以下时间您使用视频类媒体的频率，请勾选

（1）夜间 11 点以后

A. 经常　B. 有时　C. 比较少　D. 从不

（2）等待（如等待吃饭、排队等）时间

A. 经常　B. 有时　C. 比较少　D. 从不

（3）在躺在床上准备睡觉的时候

A. 经常　B. 有时　C. 比较少　D. 从不

（4）与朋友一起聚会的时候

A. 经常　B. 有时　C. 比较少　D. 从不

24. 对于“您长时间（3 天及以上）不访问视频类媒体会有一种失落感”的同意程度

A. 非常同意　　B. 比较同意

C. 有点同意　　D. 不同意

E. 非常不同意

25. 对于“您经常回想起曾起您在视频类媒体上看过的视频”的同意程度

A. 非常同意　　B. 比较同意

C. 有点同意　　D. 不同意

E. 非常不同意

我们的问卷到此结束，感谢您的配合！

安徽工程大学“青少年使用视频分享类社会化媒体网调查研究”课题组

附录 3：青少年使用美团状况调查问卷

您好！我们是安徽工程大学“青少年使用美团情况调查研究”课题组，此次调查主要是为了了解青少年使用美团情况及其影响。本问卷实行匿名填写，且所有数据仅用于统计分析，请您放心如实填写。问卷不会占用您太多时间，答题前请仔细阅读题目和要求，谢谢您的参与。

填表说明：

答案无正确错误之分，请在每一个问题后适合您自己情况的答案序号上“√”，或在____处填上适当的内容；

如无特殊说明，每一个问题只能选择一个答案；

填答问卷时请根据您的实际情况填写，不要与他人商量。

下面请您填写问卷：

1. 请问您的性别是

A. 男　　B. 女

2. 您的年龄是

A. 13－15　　B. 16－18　　C. 19－21

D. 22－24　　E. 25－27

3. 您的文化水平是

A. 小学　　B. 初中　　C. 高中

D. 专科　　E. 本科　　F. 硕士及以上

4. 您每月可支配的生活费大概为

A. 600 元以下　　B. 600－1000 元

C. 1000－1500 元　　D. 1500－200 元

E. 2000 元以上

5. 您知道美团网站吗？以下哪种说法最符合您的情况？（若选择 E. 请直接跳至第 15 题，若选择其他选项请您接着第五题作答）

A. 非常了解，经常使用

B. 了解，偶尔使用，当有需求时，我会去看看有没有团购活动

C. 当有购买需求时，如果没有团购优惠活动，我也会选择便购买

D. 使用过，虽然我没有购买计划，但看到吸引人的团购活

动我也会参加

E. 知道，但没使用过

6. 您平均多长时间参与一次团购？

A. 每天　　　　B. 每周

C. 每月　　　　D. 每季度

7. 您认为美网最吸引您的地方是？（可多选）

A. 价格的优惠程度．促销活动

B. 方便的网购方式．经常提供感兴趣的团购信息

C. 用户群基数大

D. 商品种类的丰富性

E. 返利或积分兑换的吸应力

F. 支付方式的安全与便捷

G. 其他

8. 您在美团上购买过哪些商品/服务？（可多选）

A. 餐饮

B. 电影．KTV 等娱乐消费

C. 旅游

D. 酒店

E. 服务（美容美发．摄影）

F. 健康（足浴、健身、按摩）

G. 服饰、化妆品

H. 家居

I. 文化（书刊、演出、培训等）

J. 其他

9. 您获知团购信息的主要途径是？(可多选)

A. 直接去美团网站查看

B. 通过团购导航类网站查看

C. 浏览其他网页时点击广告查看

D. 通过朋友推荐

E. 通过电子邮件/短信/彩信得知

F. 其他

10. 您在美团网上下单之前，其他购买者的评论对您购物有无影响

A. 无影响，看到满意的就预定

B. 影响不大，预定之前会翻翻看

C. 有一定影，毕竟别人亲身体验过

D. 影响很大，预定之前会仔细看买家评价，评价不好就不预定了

11. 您在消费之后，会去评价吗

A. 基本都会，好的体验去表扬，不满意我要去提下意见

B. 时常会，评价会有积分送

C. 偶尔评价一下，看心情

D. 不太会，嫌麻烦

E. 无所谓

12. 您在参与团购时遇到过下列哪些情况？(可多选)

A. 商品实际质量和价格与网站广告不符，经常会限制使用

B. 商家对团购买家态度不好

C. 假冒伪劣商品

D. 延迟发货

13. 您有来不及使用团购券导致过期作废的时候吗？

A. 没有　　B. 很少

C. 偶尔　　D. 经常

14. 您认为在日常生活中美团网和其他团购相比有优势吗？

A. 很有优势，美团起源早、规模大，贯穿我们生活

B. 有优势，周围经常有人用到，经常听别人提起

C. 一般，现在团购网站很多，功能都很全面，竞争很大

D. 没有优势，感觉没什么用

15. 您认为不使用美团的原因是？

A. 对网购不感兴趣，也不用其他类似网站

B. 预定麻烦，浪费时间，不如直接买卖

C. 商家参差不齐，后续服务无法保障

D. 便宜没好货 ，对优惠活动不太关注

E. 网络购物风险大

F. 没有发现想要的

G. 其他

16. 您周围有亲戚朋友推荐您使用美团网吗？

A. 有很多　　B. 听说有，不多　　C. 没有

17. 如果您对网上团购存在疑虑，可能在哪些方面？（可多选）

A. 网站信誉问题

B. 货物安全问题

C. 售后服务问题

D. 产品不能符合个人需求

E. 等待团购的时间，并且最终不一定能成功购买

F. 网站先行赔付问题　　　　　　　　G. 其他

18. 您是否使用团购之外的 B2C 或 C2C 网购服务？

A. 是　　　　　　B. 否

19. 如果团购的产品或服务在实际消费或使用过程中遇到问题，您应该有谁来负责？

A. 由美团网站负责，既然组织团购，就应该对团购过程全程把控。

B. 由商家负责，美团网只提供一个购买平台，产品和服务质量还应找商家。

C. 各负一半，产品服务质量的问题找商家，网站有义务解决。

20. 您觉得美团的未来趋势是什么？

A. 在现在基础上向大的商品方向发展（车、房）

B. 向旅游业发展　　　　　　　　C. 逐渐退出市场

D. 其他

21. 您认为团购网站未来需要有哪些改进？（按重要程度排列，选择 3 个）

A. 扩大商品范围

B. 提高服务质量

C. 更加低廉的价格

D. 针对消费者需求制定团购

E. 退款便捷

F. 延长使用期限

G. 若不退款的情况下，更换团购产品

我们的问卷到此结束，感谢您的配合！！

安徽工程大学“青少年使用美团调查研究”课题组

附录4：青少年使用微信情况调查问卷

您好！我们是安徽工程大学“青少年使用微信情况调查研究”课题组，此次调查主要是为了了解青少年使用美团情况及其影响。本问卷实行匿名填写，且所有数据仅用于统计分析，请您放心如实填写。问卷不会占用您太多时间，答题前请仔细阅读题目和要求，谢谢您的参与。

填表说明：

答案无正确错误之分，请在每一个问题后适合您自己情况的答案序号上“√”，或在____处填上适当的内容；

如无特殊说明，每一个问题只能选择一个答案；

填答问卷时请根据您的实际情况填写，不要与他人商量。

下面请您填写问卷：

1. 您的性别是？（　　）

A. 男　　B. 女

2. 您的年龄是（　　）周岁？

A. 14—18　　B. 19—23　　C. 24—28

3. 您目前是在校学生吗？（　　）

A. 是　　B. 不是

4. 您目前最高学历是？（　　）

A. 初中及以下　　B. 高中或中专　　C. 大专

D. 本科　　E 硕士及以上

5. 您的学习成绩（　　）

A. 班级前 1/3　　B. 班级中间 1/3

C. 班级后 1/3　　D. 您不是在校学生

6. 对于“您常感到寂寞”的同意程度（　　）

A. 非常同意　　B. 比较同意　　C. 有点同意

D. 不同意　　E. 非常不同意

7. 您的身体肥胖程度（　　）

A. 非常肥胖　　B. 比较肥胖　　C. 有点肥胖

D. 肥瘦适中　　E. 偏瘦　　F. 很瘦

8. 觉得您的性格是（　　）

A. 非常外向　　B. 比较外向　　C. 中性的

D. 比较内向　　E. 非常内向

9. 您是否使用微信？（ ）

A. 是。而且经常使用

B. 是。但只是偶尔使用

C. 否。

若选否，答题到此结束

---

10. 请选出你使用微信的原因（多选题）（ ）

A. 好奇

B. 认识陌生人

C. 关注名人和明星动态

D. 关注熟人和朋友的动态

E. 交流培养感情

F. 了解最新资讯

G. 周围人都用，我不用就落伍了

H. 想让别人了解自己的动态

I. 想发布自己的生活信息

J. 想发布除自己生活信息之外的其他信息（如资讯、娱乐视频等）

K. 访问微信已成为我空闲时间的一项习惯

L. 为了获得娱乐　M. 打发无聊时光　N. 其他

11. 您平常使用微信的频率是多少呢？（ ）

A. 基本每天 24 小时在线，保持后台运行，随时接受消息

B. 基本每天登陆至少一次

C. 每 2－3 天登陆一次

D. 每4—7天登陆一次

E. 平均超过7天以上登陆一次

12. 您一般用什么登陆微信？（　　）

A. 电脑

B. 手机（或IPAD）

C. 两者都用

13. 一般情况下，您会在微信里发布什么类型的信息（可多选）？（　　）

A. 转发您觉得有意思的微信

B. 评论并转发朋友的微信

C. 发布自己的心情

D. 记录自己的生活经历

E. 其他

14. 最吸引您的微信话题是（多选题，最多选择3项）（　　）

A. 时政新闻

B. 社会突发事件

C. 娱乐信息

D. 名人明星动态

E. 科技资讯

F. 养生、医疗健康信息

G. 学习方面的信息

H. 其他

15. 您在微信里发起过公益活动吗（　　）

A. 发起过

B. 没发起过

16. 对于在微信里别人发起的公益活动，您 （ ）

A. 参加过

B. 没参加过

17. 认为实行微信实名制（ ）

A. 很好 B. 较好 C. 无所谓

D. 不好 E. 非常不好

18. 对于利用微信来进行炒作，您怎么看？（ ）

A. 非常支持 B. 比较支持 C. 无所谓

D. 比较反对 E. 坚决反对

19. 你支持在微信上转发社会不良现象吗？（ ）

A. 非常支持 B. 比较支持 C. 无所谓

D. 比较反对 E. 坚决反对

20. 在以下时间您使用微信的频率，请勾选

(1) 在学习（在校生）或工作（非在校生）

A. 时间 B. 经常 C. 有时 D. 比较少 E. 从不

(2) 夜间 11 点以后

A. 经常 B. 有时 C. 比较少 D. 从不

(3) 在等待（如等待吃饭、排队等）时间

A. 经常 B. 有时 C. 比较少 D. 从不

(4) 在躺在床上准备睡觉的时候

A. 经常 B. 有时 C. 比较少 D. 从不

(5) 与朋友一起聚会的时候

A. 经常 B. 有时 C. 比较少 D. 从不

21. 对于“您长时间（3 天及以上）不访问微信会有一种失落感”的同意程度（　　）

A. 非常同意　　B. 比较同意　　C. 有点同意

D. 不同意　　E. 非常不同意

22. 你和朋友在一起时会玩微信吗？（　　）

A. 经常会　　B. 偶尔会　　C. 从不

23. 您和家人在一起时会玩微信吗？（　　）

A. 经常会　　B. 偶尔会　　C. 从不

24. 你觉得微信对你的生活产生的影响是？（可多选）（　　）

A. 获取信息更加方便快捷　　B. 学到了很多东西

C. 交到了不少朋友

D. 微信的话题讨论可以激发我的思考

E. 微信是我了解身边朋友境况的重要途径

F. 和以前一样，没什么变化

G. 微信容易泄露自己的隐私

H. 玩微信打乱了我的作息时间

I. 耗费了许多时间

G. 彻底载进去了，苦海无边　　K. 其他

我们的问卷到此结束，感谢您的配合！

安徽工程大学“青少年使用微信调查研究”课题组

附录5：青少年使用社会化媒体和陌生人交往的调查问卷

您好！我们是安徽工程大学“青少年使用社会化媒体和陌生人交往研究”课题组，我们正在做关于青少年使用社会化媒体和陌生人交往的调查研究，想邀请您用几分钟时间帮忙填答这份问卷。本问卷实行匿名制，所有数据只用于统计分析，请您放心。题目选项无对错之分，如无注释，均为单选。请您按自己的实际情况真实填写。谢谢您的帮助。

青少年使用社会化媒体和陌生人交往研究课题组

说明：社会化媒体，是一种给予用户极大参与空间的新型在线媒体，具有参与、公开、交流、对话、社区化、连通性六大特征。社会化媒体最常见的基本形式主要有博客、维基、播客、论坛、社交网站和内容社区等六种，其中，用来和陌生人交往的社会化媒体主要有微信摇一摇，微信附近的人，QQ附近的人，QQ邮箱漂流瓶，陌陌

请开始作答：

Q1：你的年龄＿＿＿＿＿＿

Q2：你的性别　（1）男　（2）女

Q3：你的户籍所在地　（1）直辖市　（2）省会城市　（3）一般城市　（4）县城（包含县级市）　（5）乡村

Q4：你的婚恋状况　（1）已婚　（2）未婚，正在恋爱　（3）未婚，曾经恋爱，现在未恋爱　（4）一直未恋爱。

Q5：你所在学校名称（仅在校学生填写）＿＿＿＿＿＿＿＿＿＿

Q6：你的年级（仅在校学生填写）＿＿＿＿＿＿（如：大四、高三、初二、研一）

Q7：你的专业（仅大中专在校学生填写）　（1）文科　（2）理工科

Q8：你的学历（仅非在校学生填写）：

（1）博士　（2）硕士　（3）本科　（4）大专　（5）中专　（6）中专以下　（7）其他：请填写＿＿＿＿＿＿＿＿

Q9：你的职业：（1）行政机关　（2）事业单位　（3）企业　（4）自由职业者　（5）务农　（6）农民工　（7）学生　（8）其他（请填写）＿＿＿＿＿＿＿＿＿＿

Q10：对下列每项描述，勾出你具有那种感觉的频度

	从不	有时	经常	一直
你感到和周围的人无话可说吗？				
你感到自己缺少同伴吗？				
你感到寂寞吗？				
你觉得自己是某个交际圈的一员吗？				
你觉得自己和周围的人有很多共同点吗？				
你觉得自己身边没有任何关系亲密的人吗？				
你觉得自己是开朗和友好的吗？				
你感到自己和别人亲近吗？				
你感到自己被孤立吗？				

Q11：你使用以下社交媒体与陌生人交往的种类和频率：

	从未使用	少于一个月一次	一月一次到一周一次	一周一次到三天一次	三天一次到一天一次	一天一次以上
微信摇一摇						
微信附近的人						
QQ附近的人						
QQ邮箱漂流瓶						
陌陌						
其他（请填写）：						

（如果所有选项均选择从未使用，答题到此结束；否则烦请继续作答）

注：以下所有问题中的“陌生人”均特指你通过社会化媒体（即微信摇一摇、微信附近的人、QQ附近的人、漂流瓶、陌陌等）结识的陌生人，不包括你在现实生活中结识的陌生人

Q12：向陌生人发起好友申请的主动性

（1）都是你向对方发起好友申请（2）都是对方向你发起好友申请（3）两者都有，但大多是你向对方发起好友申请（4）两者都有，但大多是对方向你发起好友申请（5）两者大致均等（6）两者都没有过

Q13：你对什么性别的陌生人发起过好友申请

（1）只对异性（2）只对同性（3）两者都有，但大多是异性（5）两者都有，但大多是同性（6）两者大致均等（7）两者都没有

Q14：你通过什么性别的陌生人的好友申请

（1）只通过了异性的好友申请（2）只通过了同性（3）两者都有，但大多数是异性，（4）两者都有，但大多数是同性（5）两者大致均等（6）两者都没有

Q15：你偏好在什么场所使用社会化媒体发起好友申请（可多选）：

（1）学校（2）娱乐场所（如KTV，电影院），（3）网吧（3）住宿宾馆（4）餐饮场所（5）家里（6）对场所没什么偏好（6）其他，请填写____________________

Q16：你偏好在什么场所使用社会化媒体通过陌生人的好友

申请验证（可多选）：

（1）学校（2）娱乐场所（如KTV，电影院），（3）网吧（3）住宿宾馆（4）餐饮场所（5）家里（6）对场所没什么偏好（6）其他，请填写______________________________

Q17：你通过社会化媒体与陌生人交往是为了什么（可多选）：

（1）寻找正常的婚恋对象（2）寻找非正常的婚恋对象（如婚外恋、第三者等）（3）发生暧昧关系（4）寻找红颜知己（5）寻找一夜情或性伙伴（6）认识新朋友，拓宽人脉（7）纯属好奇（8）纯属无聊（9）推销商品（如微商）（10）出于非法目的（如骗取钱财，实施诱奸强奸，传销等）（10）其他，请填写____________________

Q18：你通过社会化媒体与陌生人交往的程度如何

（1）仅申请或添加了好友，未聊天　（2）仅聊过天，未见面（3）见过面

（若未见面，答题到此结束；若见过面请继续作答）

Q19：你与陌生人见面，邀请者是

（1）都是对方（2）都是自己（3）两者都有过，但多数是对方（4）两者都有，但多数是自己（5）两者大致均等（6）两者都没有

Q20：与你见过面的陌生人的性别是：

（1）只有异性（2）只有同性（3）两者都有，但多数是异性（4）两者都有，但多数是同性（5）两者大致均等（6）两者都没有

Q21：与陌生人见面时你的婚恋状况是：

（1）已婚，仅婚前见过陌生人（2）已婚，婚前婚后都见过陌生人（3）未婚，仅恋爱时见过陌生人（4）未婚，仅未恋爱时见过陌生人（5）未婚，恋爱和未恋爱时都见过陌生人

Q22：与你见过面的陌生人有多少个：

（1）从没有　（2）1—3个　（3）4—7个　（4）8—10个（5）11—20（6）21—30个　（7）30个以上

Q23：你与陌生人第一次见面的地点（可多选）：

（1）学校　（2）家里（3）公园　（4）餐厅　（5）娱乐场所（如酒吧，KTV，电影院，网吧等）（6）宾馆　（7）其他，请填写________

Q24：在所有与你见过面的陌生人当中，与你发生以下关系的频率：

	从未有过	少部分	大部分	全部
发生一夜情（即发生3次以下性关系）				
成为长期性伙伴（即3次及以上性关系）				
未发生一夜情，但再也没联系				
成为一般朋友				
成为红颜知己				

发展为暧昧关系				
成为非正常恋人。（如婚外情或第三者）				
成为正常的恋人				
你发现自己上当受骗				
你实现了非法目的（如骗取钱财，实施强暴等）				
其他，请填写				

Q25：你与陌生人见面后

（1）曾经后悔过，但依然还会见面（与新的陌生人）

（2）后悔，决定只聊天不见面（与新的陌生人）

（3）后悔，决定不再使用社会化媒体与新的陌生人进行任何交往

（4）虽觉得有收获，但决定只聊天不见面（与新的陌生人）

（5）虽觉得有收获，但决定既不聊天也不见面（与新的陌生人）

（6）觉得有收获，有机会还会见面（与新的陌生人）

（7）无所谓

感谢您的参与，祝您身体健康，学习进步

附录6：大学生使用社会化媒体调查问卷

您好！我们是“大学生使用社会化媒体调查研究”调查组，此次调查主要是为了了解大学生使用社会化媒体的情况及其的影响，以便提出相应的方案。本问卷实行匿名制，所有数据只用于统计分析，您的信息我们会绝对为您保密，请您放心。问卷不会占用您太多时间，答题前请仔细阅读题目和要求，谢谢您的参与。

填表说明：

1. 答案无正确错误之分，请在每一个问题后适合您自己情况的答案序号上“√”，或在____处填上适当的内容；

2. 如无特殊说明，每一个问题只能选择一个答案；

3. 填答问卷时请不要与他人商量；

4. 感谢您抽出宝贵的时间填答我们的问卷，我们也将送上一份精致小礼物。

大学生使用社会化媒体调查研究课题组

Q1、您的性别是（　　）1. 男　2. 女

Q2、您的年龄是________周岁

Q3、您所在的年级是（　　）1. 大一　2. 大二　3. 大三　4. 大四

Q4、您的专业是____________

Q5、您的户口是（　　）1. 农业户口　2. 非农业户口

Q6、您来自于（　　）

1. 直辖市　2. 省会城市　3. 其他类型城市　4. 县城　5. 乡镇　6. 农村

Q7、您父亲的职业________，您母亲的职业________（若您的父母已经退休，请在“________”上填写退休前的职业）

1. 国家与社会管理人员　2. 企业经营管理人员　3. 专业技术人员　4. 企事业一般工作人员　5. 个体工商户　6. 商业服务人员　7. 产业工人阶层　8. 农业劳动者阶层　9. 城市无业人员　10. 军人　11. 其他（请注明）________

Q8、您父亲的受教育水平________，您母亲的受教育水平________

1. 基本上没接受过教育　2. 小学　3. 初中　4. 高中　5. 专科　6. 本科　7. 研究生及以上

Q9、您家庭的月收入大约是________元(请填大约数字)

Q10、您每月的生活费（学费与学习用品费用除外）大约是

（　　）

1. 500 元以下 2. 501—1000 元　3. 1001—1500 元　4. 1501 元以上

Q11、您手机每月所用的网络流量大约是________M（兆）

Q12、您是否是独生子女（　　）1. 是　2. 否

Q13、您的恋爱状况是（　　）（若选择 1 或 2 或 4，请跳至第 Q15 题）

1. 现在未恋爱，但曾经恋爱过　2. 从未恋爱过　3. 正在恋爱中 4. 已婚

Q14、如若您正在恋爱中，您恋爱的时间有多长（　　）

1. 半年以内　2. 半年至一年（包含一年）　3. 一年至两年（包含两年）　4. 两年以上

Q15、您目前的学习成绩处于（　　）

1. 班级前 1/3　　2. 班级 1/3 到 2/3 间　3. 班级后 1/3

Q16、您觉得您的性格是（　　）

1. 非常外向　2. 比较外向　3. 中性的　4. 比较内向　5. 非常内向

Q17、您平时的娱乐方式主要有哪些（　　）（可多选）

1. 参加体育运动　2. 上网浏览新闻　3. 上网聊天　4. 和朋友一起逛街　5. 唱 KTV　6. 上网看电影或电视剧　7. 听音乐　8. 阅读课内、课外书籍　9. 上网玩游戏　10. 旅游

11. 其他（请注明）________

以下是一些关于您一些心理状态的描述，请问您同意的程度如何？（请在方框内打“√”）

	非常同意	比较同意	一般	比较不同意	非常不同意
Q18、你常感到与周围的人关系和谐					
Q19、你常感到伙伴较少					
Q20、你常感到寂寞					
Q21、你常感到属于朋友们中的一员					
Q22、你常感到你的兴趣与想法和周围的人不一样					
Q23、你常感到被人冷落					
Q24、你常感到你与别人来往毫无意义					
Q25、你常感到没有人很了解你					

若您未使用过 Q26 中提到的这类媒体，请直接跳至 Q34 题作答。

Q26、以下媒体类型中，你最经常使用的媒体是（　　）（限选一项），若从未使用过请在横线上填“无”________

1. QQ空间　2. 新浪微博　3. 腾讯微博　4. 和讯博客　5. 网易微博　6. 搜狐微博　7. 点点网　8. 推他网　9. 快博　10. 身旁网　11. 腾讯博客

请针对您上题选择的最经常使用的媒体进行下列问题的回答。

Q27、您在这类媒体上是否使用真实姓名______ 真实头像______

1. 是　　2. 否

Q28、您发布消息（包括原创和转发）的频率是多少（　　）

1. 每天发布　2. 隔几天发一次　3. 不定期发，视情况而定　4. 只是看看，基本不发

Q29、您的这类媒体账户拥有的好友数量是（　　）

1. 100 人以下　2. 101—200 人　3. 201—300 人　4. 301—400 人　5. 401 人以上

Q30、您的好友中有多少是现实中的好友（　　）

1. 全部　2. 非常多　3. 比较多　4. 只有很少的一部分　5. 几乎没有

Q31、您使用这类媒体的目的主要是（　　）（限选三项）

1. 关注社会热点新闻　2. 寻找对工作、生活、学习有用的信息　3. 认识新的好友，拓展交际圈　4. 与朋友保持互动、沟通　5. 记录自己每天的生活状态　6. 与他人讨论新闻事件或议题，分享自己的意见和观点　7. 放松心情、获得娱乐　8. 追随大众，赶潮流　9. 新奇，只是注册供打发时间　10. 其他（请注明）______

Q32、您最喜欢浏览这类媒体发布的什么类型的消息（请您按喜爱程度选择三项并排序）

________ > ________ > ________

1. 时政新闻类　2. 娱乐消息类　3. 生活常识类　4. 随笔杂谈类　5. 音乐影视类　6. 旅游生活类　7. 就业招聘类　8. 朋友最新动态　9. 科学教育类　10. 体育运动类

Q33、您是否经常与您这类媒体中的好友进行互动（　　）

1. 非常频繁　2. 比较频繁　3. 一般　4. 很少互动　5. 从不互动

以下数字 1—6 代表您同意的程度，数字越大代表同意程度越高，请根据您的实际情况在方框内打“√”

	1	2	3	4	5	6
Q34、在学习过程中，我的视野变得开阔，经常有新颖的想法						
Q35、我能够自己想出解决学习问题的思路和方法						
Q36、我能心无旁骛地学习，不受外界干扰						
Q37、我能够积极认真地对待学习						
Q38、我能够很好的实施自己的学习计划						

若您未使用过 Q39 中这类媒体，请跳至 Q42 进行作答。

Q39、以下媒体类型中，你最经常使用的媒体是（　　）（限选一项），若从未使用过请在横线上填“无”＿＿＿＿

1. 天涯社区 2. 猫扑社区 3. 百度贴吧　4. 搜狐论坛　5. 凤凰论坛　6. 网易论坛 7. 新浪论坛　8. 腾讯论坛 9. 考研论坛 10. 中国学生网论坛 11. QQ 论坛 12. 中华网论坛 13. 雅虎口碑论坛 14. 知乎　15. 百度知道　16. soso 问问

请针对您上题选择的最经常使用的媒体进行下列问题的回答。

Q40、您使用这类媒体的主要目的是什么（　　）（限选三

项）

1. 关注社会热点新闻 2. 寻找对工作、生活、学习有用的信息 3. 认识新的好友，拓展交际圈 4. 与朋友保持互动、沟通 5. 记录自己每天的生活状态 6. 与他人讨论新闻事件或议题，分享自己的意见和观点 7. 放松心情、获得娱乐 8. 追随大众，赶潮流 9. 新奇，只是注册供打发时间 10. 其他（请注明）________

Q41、您在评论他人发布的内容时使用不文明、侮辱性语言吗（ ）

1. 经常使用 2. 偶尔使用 3. 几乎不使用 4. 从不使用

数字 1—6 代表您同意的程度，数字越大代表同意程度越高，请根据您的实际情况在方框内打“√”

	1	2	3	4	5	6
Q42、我的身体状况很好						
Q43、我对微博、微信、QQ 空间上传播的舆论，我一般不会轻易评判是非真假						
Q44、我在微博、微信、QQ 空间中浏览到关于抢盐消息后，我也有参与抢盐的冲动						
Q45、娱乐八卦新闻中明星离婚和分手事件频发，使我怀疑真爱的存在						

Q46、在微博、微信、QQ 空间中了解到别人有困难时，我会及时给予帮助						
Q47、“只要人人都献出一点爱，世界将变成美好的人间”						
Q48、微博、微信、QQ 空间、论坛、视频网站中转发的腐败事件，让我觉得权钱交易盛行						
Q49、我十分认同政府的一切做法和决定						
Q50、郭美美在微博上的炫富行为让我觉得金钱非常重要						
Q51、郭美美在微博上的炫富行为让我觉得有个后台非常重要						
Q52、我相信经过自己的努力一定可以完成自己设定的目标						
Q53、长时间不使用 QQ（或微博、微信），我会有一种失落感						
Q54、我很注意保护自己的个人信息						

若您未使用过 Q55 这类媒体，请跳至 Q62 进行作答。

Q55、以下媒体类型中，你最经常使用的媒体是（　　）（限选一项），若从未使用过请在横线上填“无”________

1. 人人网 2. 开心网　3. 豆瓣网 4. 朋友网 5. 优士网 6. 人和网 7. 若邻网 8. 梦幻人生

9. 腾讯游戏 10. 珍爱网 11. 百合网 12. 世纪佳缘

请针对您上题选择的最经常使用的媒体进行下列问题的回答。

Q56、您在这类媒体上是否使用真实姓名______ 真实头像______ 1. 是 2. 否

Q57、您的这类媒体账户拥有的好友数量是（ ）

1. 100 人以下 2. 101—200 人 3. 201—300 人 4. 301—400 人 5. 401 人以上

Q58、您的好友中有多少是现实中的好友（ ）

1. 全部 2. 非常多 3. 比较多 4. 只有很少的一部分 5. 几乎没有

Q59、您使用这类媒体的主要目的是（ ）（限选三项）

1. 认识有共同兴趣爱好的朋友 2. 获取事实、新闻、知识 3. 和家人好友保持互动、保持联系 4. 分享自己的意见和观点、生活与经验 5. 分享视频、图片、音乐 6. 寻求建议、关怀、协助 7. 放松心情，达到娱乐的效果 8. 打发时间，纯粹消遣 9. 其他（请注明）________

Q60、你能做到在自己预先规定的时间之内退出使用这类媒体吗（ ）

1. 每次都能 2. 偶尔不能 3. 经常不能 4. 每次都不能

Q61、您第一次接触这类媒体的原因（ ）

1. 同学或朋友发出邀请 2. 大部分同学、好友都在使用

3. 网络上投放的广告或者通过其他网站的链接 4. 其他（请注明）________

数字 1—6 代表您同意的程度，数字越大代表同意程度越高，

请根据您的实际情况在方框内打“√”

	1	2	3	4	5	6
Q62、我在现实生活中经常会使用网络用语						
Q63、与面对面聊天相比，我在 QQ 聊天时感到更能表达想要表达的意思						
Q64、使用社会化媒体后，我与原来现实生活中非常要好的朋友的关系变得亲近了						
Q65、我与父亲无话不谈						
Q66、我与母亲的关系非常亲密						
Q67、我通过这类媒体结识（即通过线上结识发展到线下交往）的要好的朋友非常多						
Q68、我曾得到过这类媒体结织的新朋友的帮助						
Q69、我曾帮助过在这类媒体上结织的新朋友						

若您未使用过 Q70 这类媒体，请跳至 Q73 进行作答。

Q70、以下媒体类型中，你最经常使用的媒体是（　　）（限选一项），若从未使用过请在横线上填“无”________

1. 土豆网 2. 优酷网 3. 酷 6 网　4. 搜狐视频 5. 爱奇艺 6. 迅雷看看 7. 腾讯视频　8. PPS　9. PPTV　10. 乐视网 11. 暴风影

音 12. 芒果 TV　13. 太平洋摄影 14. 蜂鸟网　15. 虾米　16. 百度 MP3　17. 一听音频　18. YY 语音

请针对您上题选择的最经常使用的媒体进行下列问题的回答。

Q71、您会在这类媒体上上传内容分享吗（　　）

1. 每天都会　2. 经常会　3. 偶尔会　4. 几乎不会　5. 从不

Q72、您通常登陆这类媒体的目的是（　　）（限选三项）

1. 纯属休闲娱乐　2. 了解新闻资讯　3. 查找学习视频资料　4. 分享自己制作的视频　5. 其他（请注明）________

数字 1—6 代表您同意的程度，数字越大代表同意程度越高，请根据您的实际情况在方框内打“√”

	1	2	3	4	5	6
Q73、我的生活作息非常有规律						
Q74、我平时比较注意饮食的营养均衡						
Q75、我经常主动参加体育锻炼						

若您未使用过 Q76 这类媒体，请跳至 Q80 进行作答。

Q76、以下媒体类型中，你最经常使用的媒体是（　　）（限选一项），若从未使用过请在横线上填“无”________

1. 维基百科 2. 百度百科 3. soso 百科 4. 和讯百科 5. 搜狗百科 6. 互动百科　7. QQ 书签　8. 九点　9. 360doc　10. 有道　11. 鲜果　12. 抓虾

请针对您上题选择的最经常使用的媒体进行下列问题的回答。

Q77、您使用这类媒体的主要目的是（　　）（限选三项）

1. 浏览各类知识，丰富个人精神文化 2. 获取对学习有用的信息，完成学习任务 3. 搜索感兴趣的知识，达到娱乐的效果 4. 没有目标，闲逛随便看看　5. 身边的人都在使用　6. 打发时间、纯粹消遣　7. 其他（请注明）________

Q78、您在遇到课业难题时会在第一时间使用这类媒体搜索相关知识吗（　　）

1. 会　2. 不会

Q79、对于这类媒体提供的信息，您会（　　）

1. 看过一眼就忘了　2. 仔细阅读自己感兴趣的内容，其他的大体浏览　3. 全盘吸收，照搬照抄　4. 将信息进行组织管理，批判地、加以创造地运用

若您未使用过 Q80 这类媒体，请跳至 Q85 进行作答。

Q80、以下媒体类型中，你最经常使用的媒体是（　　）（限选一项），若从未使用过请在横线上填“无”________

1. QQ　2. 微信　3. 飞信　4. MSN　5. 阿里旺旺　6. 米聊　7. 易信 8. 陌陌　9. YY 语音

请针对您选择的最经常使用的媒体进行下列问题的回答。

Q81、您使用最频繁的即时通讯类媒体上有多少个好友(　　)

1. 100 个以下 2. 101－200 个　3. 201—300 个　4. 301—400 个　5. 401—500 个　6. 501 个以上

Q82、您这些好友中有多少是您现实中的好友（　　）

1. 全部　2. 非常多　3. 比较多　4. 只有很少的一部分　5. 几乎

没有

Q83、您使用即时通讯类媒体的主要目的是（　　）（限选三项）

1. 认识有共同兴趣爱好的朋友　2. 获取事实、新闻、知识　3. 和家人好友保持互动、保持联系　4. 分享自己的意见和观点、生活与经验　5. 分享视频、图片、音乐　6. 寻求建议、关怀、协助　7. 放松心情，达到娱乐的效果　8. 打发时间，纯粹消遣　9. 其他（请注明）________

Q84、您认为您在使用这类媒体上投入的精力（包括心思、体力）是多少________（请选填数字 1—10，数字越大表示投入的精力越大）

Q85、请问您在什么情况下会使用社会化媒体（　　）（可多选）

1. 工作或学习时　2. 在家里或宿舍休息时　3. 公园、医院等公共场所　4. 等人或等车时　5. 餐馆或咖啡厅　6. 上下学途中　7. 睡觉前　8. 上卫生间时　9. 其他（请注明）________

提示：社会化媒体主要有：新浪微博、腾讯微、微信、QQ、QQ 空间、QQ 游戏、人人网、天涯社区、优酷视频、腾讯游戏、陌陌等。

		经常	偶尔	较少	从不
您是否有过以下行为？请根据实际在方框里打√	Q86、参加这类媒体中成员发起的公益活动（如志愿者活动、募捐活动等）				
	Q87、参加这类媒体中成员发起的群体事件（如游行、罢课等）				
	Q88、使用不文明语言（如侮辱、骂人、脏话等）				
	Q89、沉浸于使用社会化媒体而逃课				
	Q90、受到他人的侵害（如QQ账号被盗取等）				
	Q91、听信谣言				
	Q92、浏览过暴力内容				
	Q93、浏览过色情内容				
	Q94、关注过他人隐私				

	使用工具	使用情况				喜爱程度（数字越大表示喜爱程度越高					
		经常	偶尔	较少	从不	1	2	3	4	5	6
请根据您的情况在方框里打√	Q95、新浪微博										
	Q96、腾讯QQ										
	Q97、酷我音乐										
	Q98、天涯社区										
	Q99、今日头条										
	Q100、微信										
	Q101、百度百科										
	Q102、百度贴吧										
	Q103、QQ空间										
	Q104、人人网										
	Q105、优酷视频										

我们的调查结束了，再次向您表示感谢！您对我们的调查有什么建议、意见和要求。欢迎写在问卷下面。

附录 7：大学生使用微博情况调查问卷

同学，您好！感谢您在百忙之中抽出宝贵的时间接受我们的调查！随着网络时代的发展，越来越多的大学生加入了微博的行列，以下有关微博的问题，请您根据您的切身体验填写下列问题。

1. 您有使用微博吗（　　）

A. 没有　　B. 有，腾讯微博

C. 有，新浪微博　　D. 有，其他微博

2. 您注册微博的时间是（　　）

A. 2011 年　　B. 2012 年

C. 2013 年及以后　　D. 2011 年以前

3. 如果有，您开通微微博的目的是什么（可多选）（　　）

A. 方便记录生活的点滴

B. 关注喜欢的明星们的最新动态

C. 关注社会热点新闻，表达看法

D. 认识陌生人，扩大交友范围

E. 扩宽视野，学习新知识

F. 紧贴潮流，不想落伍

G. 其他______________（请补充）

4. 您登陆微博的频率是（ ）

A. 每天随时登陆，2～3 次以上

B. 每天登陆 1 次左右

C. 1 周 2～3 次

D. 不太上，想起来才登

5. 您上微博会关注那些人（可多选）（ ）

A. 现实生活中的朋友、老师、同学

B. 名人、明星

C. 网络上的朋友

D. 专业资深人士

F. 其他

6. 您是否收听了您的辅导员微博，如果有，你是否和辅导员通过微博互动过（ ）

A. 没有收听

B. 有收听，但是没有互动过

C. 有收听，互动次数不多

D. 有收听，经常互动

7. 您对使用微博的感受是什么（ ）

A. 每天一定要上，对学习和生活有些帮助

B. 每天都上，觉得对学习和生活造成负面的影响

C. 上不上都没有关系，不影响生活与学习

D. 不知道

8. 对于微博中的热门事件或经典“微言”，您会很容易受影响并迅速转发或评论吗（　　）

A. 一般容易受影响，转发评论

B. 自己认为有价值的或真实性强的就会转发或评论

C. 只是看看，一般不会转发或评论

D. 没有兴趣

9. 你觉得微博能满足人的哪些心理需求（可多选）（　　）

A. 成就感　　B. 幸福感　　C. 好奇感

D. 责任感　　E. 自我价值的实现

F. 舆论主导者　　G. 其他＿＿＿＿＿＿＿＿（请补充）

10. 对于微博的描述，您比较赞同以下哪些说法（　　）（可选多项）

A. 表述简单，能随时记录零碎心情

B. 信息传播即时，广泛

C. 随时随地都能关注想要了解的人和事

D. 可以认识兴趣相投的人，结交新朋友

E. 是一个很好的学习了解知识的平台

F. 微博简短的信息描述很容易造成假新闻的泛滥

11. 在微博上，什么类型的资讯是你最有兴趣的（　　）（可选多项）

A. 时事新闻　　B. 生活休闲　　C. 娱乐新闻

D. 体育新闻　　　E. 旅游资讯

F. 趣味笑话　　　G. 其他

12. 对校内微博（学校官方微博，学院、班级微博，辅导员微博）内容，你最关心的是（　　）（可选多项）

A. 学校重要新闻　　　B. 学生活动信息

C. 学术讲座预告　　　D. 评奖评优公示

E. 就业信息推送　　　F. 其他

13. 您经常用哪些方式登陆微博（　　）

A. 电脑　　　B. 手机　　　C. 其他

14. 你通常会在什么时段登陆微博（　　）（可选多项）

A. 7：30—8：00am

B. 8：00am – 10：00am

C. 12：00noon – 1：00pm

D. 1：00pm – 2：30pm

E. 4：00pm – 6：00pm

F. 6：00pm – 8：00pm

G. 10：00pm – 11：00pm

15. 您最喜欢的微博的功能是（　　）（可选多项）

A. 评论　　　B. 关注　　　C. 转发

D. 热门话题　　　E. 私信　　　F. 收藏

16. 您觉得使用微博对大学生的学习与生活造成怎样影响（　　）

A. 对学习和生活有些帮助

B. 觉得玩微博浪费时间，对学习造成负面影响

C. 对大学生的学习生活没什么影响

D. 微博不利于大学生的健康成长

E. 其他

17. 您认为在开通微博对班级工作的作用有哪些（　　）

A. 有利于师生、同学之间的相互了解和沟通

B. 在开展班级工作时通知很方便

C. 有利于班级工作的透明、公开

D. 关注微博，让同学间的互动减少，削弱了班级凝聚力

E. 其他

问卷到此为止，再次感谢您的参与！

附录8：高校辅导员使用微博情况调查问卷

老师，您好！感谢您在百忙之中抽出宝贵的时间接受我们的调查！随着网络时代的发展，越越来越多的大学生加入了微博的行列，以下是有关微博的问题，请您根据您的切身体验填写答案。

1. 您有使用微博吗（　　）

A. 没有

B. 有，腾讯微博

C. 有，新浪微博

D. 有，其他微博

2. 您注册微博的时间是（　　）

A. 2011年　　B. 2012年

C. 2013年及以后　　D. 2011年以前

3. 您开通微博的目的是什么（可多选）（　　）

A. 关注学生思想动态

B. 关注社会热点新闻，表达看法

C. 扩宽视野，学习新知识

D. 认识陌生人，扩大交友范围

E. 拉近与学生的距离，便于与学生交流

F. 紧贴潮流，不想落伍

G. 其他________________（请补充）

4. 您登陆微博的频率是（　　）

A. 每天随时登陆，2～3 次以上

B. 每天登陆 1 次左右

C. 1 周 2～3 次

D. 不太上，想起来才登

5. 您登陆微博会关注那些人（可多选）（　　）

A 现实生活中的学生、同事、朋友

B. 网络上的朋友

C. 名人、明星

D. 专业资深人士

E. 其他

6. 您是否收听了您的学生微博，如果有，你是否和学生通过微博互动过（　　）

A. 没有收听

B. 有收听，但是没有互动过

C. 有收听，互动次数不多

D. 有收听，经常互动

7. 您觉得大学生使用微博主要是为了满足哪些心理需求（可多选）（　　）

A. 成就感　　B. 幸福感　　C. 好奇感

D. 责任感　　E. 自我价值的实现

F. 舆论主导者　　G. 其他________________（请补充）

8. 对于微博的描述，您比较赞同以下哪些说法（　　）（可选多项）

A. 表述简单，能随时记录零碎心情

B. 信息传播即时，广泛

C. 随时随地都能关注想要了解的人和事

D. 可以认识兴趣相投的人，结交新朋友

E. 是一个很好的学习了解知识的平台

F. 微博简短的信息描述很容易造成假新闻的泛滥

9. 在微博上，什么类型的资讯是你最有兴趣的（　　）（可选多项）

A. 时事新闻　　B. 学生动态　　C. 生活休闲

D. 体育新闻　　E. 旅游资讯　　F. 趣味笑话

10. 您通过微博经常发布的信息类型有哪些（　　）（可选多项）

A. 转发学校重要新闻　　B. 发布通知公告

C. 学术讲座预告　　D. 班级评奖评优公示

E. 毕业班就业信息

F. 其他________________（请补充）

11. 您主要用哪种方式登陆微博（　　）

A. 电脑　　　　　B. 手机　　　　　C. 其他

12. 你通常会在什么时段登入微博（　　）（可选多项）

A. 7：30am—8：00am

B. 8：00am – 10：00am

C. 12：00 – 1：00pm

D. 1：00pm – 2：30pm

E. 4：00pm – 6：00pm

F. 6：00pm – 8：00pm

G. 10：00pm – 11：00pm

13. 您最喜欢的微博的功能是（　　）（可选多项）

A. 评论　　　　　B. 关注　　　　　C. 转发

D. 热门话题　　　E. 私信　　　　　F. 收藏

14. 您认为大学生使用微博对其学习与生活有什么影响（　　）

A. 对大学生的学习成长有些帮助

B. 大学生玩微博浪费时间，对学习造成负面影响

C. 微博中复杂的信息不利于大学生的健康成长

D. 对大学生的学习生活没什么影响

E. 其他________________（请补充）

15. 您认为以微博为载体开展大学生思想政治教育、日常管理工作的可行性如何（　　）

A. 理论意义大于实践意义

B. 可行性很强，但在实践中还需要进一步探索

C. 没有可行性

D. 不清楚

16. 您认为微博在班级管理工作中的最大影响是什么（　　）

A. 思想政治教育的新载体

B. 及时了解学生生活学习动态，拉近与学生的距离

C. 进行学生舆论监控，及时开展危机处理工作

D. 推进班级管理工作的透明化，促进评奖评优工作公平开展

E. 其他________________（请补充）

问卷到此为止，再次感谢您的参与！

后　　记

本书的第二章、第三章、第四章、第五章、第六章、第七章、第八章及相应调查问卷和第九章的部分内容（共 18 万字）的撰写由董金权完成；本书第一章和第九章的部分内容（共 4 万字）由洪亚红撰写完成，洪亚红还承担了本书的文字校对工作。全书的统稿由董金权完成。

本书亦得到了安徽省高校省级人文社会科学研究重点项目“社会化媒体对青少年影响的实证研究”（SK2014A175）、安徽省哲学社会科学规划项目“社交媒体对青少年社会化影响的实证研究——以安徽省青少年为考察对象”（AHSKY2015D64）的资助。安徽工程大学党办的蔡金平老师参与了部分内容的讨论，并提出了诸多的建议；我的硕士研究生鲍昊喆同学参与了第一章和第五章的撰写以及部分问卷调查工作；安徽工程大学社会工作专业的程秀仙、舒美平、余婷婷、裴佳佳、吴玉、葛莉丽等同学还参与了第六章的问卷设计、调查和撰写工作，王学朋、崔北跃、朱梦等同学也参与了部分问卷的设计、调查与内容撰写。另外，本书还参考了诸多学术界同行的观点，绝大多数已在书中进行了标注，但出于疏忽，也可能存在遗漏，在此一并致谢。

本书是在7个较为大型的调查基础上著述而成，以大量的第一手数据作为支撑，力求分析方法科学严谨。我们尝试通过严密的实证研究，以无限接近客观事实，使论证更具科学性和说服力，从而提出更具针对性和有效性的政策建议和对策措施。然而，由于学识水平有限，书中难免存在不足和错误，一些观点也可能存在值得质疑的地方，恳请各位同行及读者共同商榷，并给予批评、指正，提供改进意见和建议。